口絵 1　Lind et al. (2014) の実験　→　図 2.8 参照 (p.49)

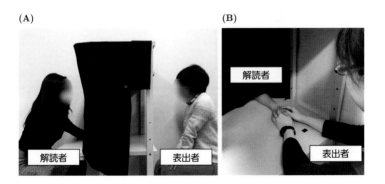

口絵 2　触覚による感情知覚実験の様子　→　図 5.16 参照 (p.155)

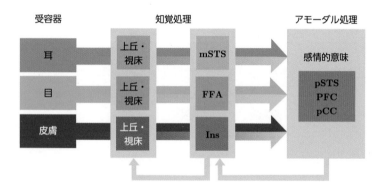

口絵 3　視覚・聴覚・触覚のアモーダルな知覚情報処理モデル
→　図 5.19 参照 (p.161)
(Schirmer & Adolphs, 2017 を参考に作成)

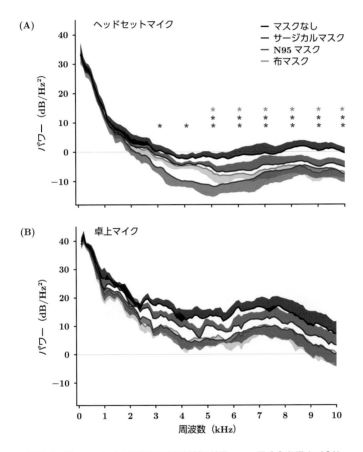

口絵4　Magee et al. (2020) の音響解析の結果　→　図 6.2 参照 (p.191)

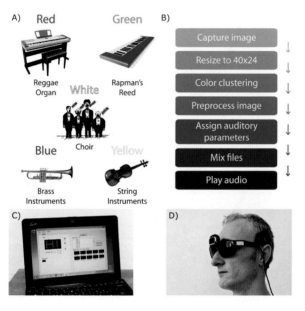

口絵 5　EyeMusic の概念図　→　図 7.2 参照 (p.206)
(Abboud et al., 2014)

The Cutting Edge of Cognitive Science

越境する認知科学
日本認知科学会 編

9

顔を聞き、声を見る
私たちの多感覚コミュニケーション

田中章浩 著

共立出版

「越境する認知科学」刊行にあたって

　21世紀に入り，20年が経とうとしている。この間，認知科学は飛躍的な変化を遂げた。その結果，前世紀には存在しなかった，あるいはきわめてマイナーであった分野が，認知科学の表舞台どころか，中心に躍り出ることになった。

　こうした分野の1つに「身体」がある。従来，身体は単に情報の入り口，認知の出口として捉えられてきた。しかしこの分野の展開により，身体は知性の重要なパートナーであることが明らかにされた。また「社会」，「環境」もそうだ。以前の認知科学は，個人の頭の中の働きを探る学問とされてきた。しかし，近年の研究は，社会と知性は二重らせんのように，よじれあいながら人を特徴づけていることを明らかにしてきた。そして「創造」，「創発」。あらかじめ決められたプログラムの実行としての認知ではなく，個と場との相互作用による創発，創造が認知の本質であることが示されつつある。

　このような変化は，「越境」に支えられている。従来の研究領域，方法の境界を越え，他分野の研究者，そこでの知見との対話と協力が，認知科学を拡大，深化させてきた。越境先は，脳科学，ロボット科学，進化論，哲学，社会学，芸術，フィールドワークなどさまざまである。こうした次第でシリーズ名を「越境する認知科学」とした。

　本シリーズの著者たちは，まさに越境を通して，新しい時代の認知科学を牽引してきた一線級の研究者ばかりである。野心的でありながらも，緻密な論理に貫かれた彼らの研究を通して，新時代の認知科学が明らかにした知性の姿を読者と共有できれば幸いである。

「越境する認知科学」編集委員会

はじめに

　本書は「多感覚コミュニケーション」をテーマとしている。多感覚コミュニケーションという言葉は筆者の造語だが，多感覚知覚に基づくコミュニケーションのことを指している。われわれが知覚する対象には周囲の環境に存在するありとあらゆるものが含まれるが，そこに人間がいれば，言葉やそれ以外の情報を通してコミュニケーションが生まれる。コミュニケーションは，ある個人においては，誰かの発したメッセージを五官を通して受け取ることが「入口」となり，誰かに向けてメッセージを発したり，行動をとったりすることが「出口」となる。コミュニケーションには，言葉によるやりとり（言語コミュニケーション）と言葉によらないやりとり（非言語コミュニケーション）がある。言語コミュニケーションにおいて，話し言葉は耳から入り，文字は目から入る。非言語コミュニケーションも同様で，相手の顔の表情は目から入り，声のトーンは耳から入る。点字，握手，ハグなど，触覚やその他の感覚を通したコミュニケーションもあるだろう。そして，コミュニケーションは複数の感覚入力の相互作用によって実現されるという点で多感覚的である。例えば，地下鉄のホームなどの騒がしい場所では，相手と会話するときについ口元を注視してしまうという経験は誰にでもあるだろう。音が聞こえない分，視覚情報で補おうとしているわけである。本書では，このようなコミュニケーションにおける感覚を超えたダイナミックな働きを総称して，「多感覚コミュニケーション」と呼ぶことにしたい。

　ところで，多感覚知覚にせよ，単一感覚に基づく知覚にせよ，人

間の知覚は文化や人種を超えて普遍的なのだろうか。伝統的な実験心理学では，知覚は普遍的というのが大前提であった。もちろん視力や聴力からも明らかなように個人差はあるものの，「平均的な特性＋誤差（個人差）」という図式でとらえるのが一般的であった。しかし，どれだけ安定したように見える現象であっても，誤差とはみなしにくい個人差が生じる例は枚挙にいとまがない。最近の研究からは，多感覚知覚，そして多感覚コミュニケーションにも知覚由来の文化差が存在することが明らかになりつつあり，本書ではこうした点にも着目したい。

　本書は7つの章から構成される。第1章では，知覚が多感覚的であること，そしてそれがどのような現象を通して研究されてきたのかを概観する。第2章では，多感覚知覚の特性について，多感覚統合の原理，そしてモダリティ優位性の観点から概観する。第1章と第2章は，第3章以降で多感覚コミュニケーションについて見ていくための前提となる内容であるが，興味深い現象のオンパレードなので，コミュニケーションに限らず，多感覚知覚全般に関心のある読者には，これらの章を単体で読んでも興味を持っていただけると思う。

　第3章から第5章では，多感覚コミュニケーションに関する研究を大きく「音声言語」に関するテーマと「感情」に関するテーマに分けて，それぞれの研究成果を紹介する。第3章で取り上げたテーマは，普遍的だと考えられるものが中心である。第4章は文化によって異なる側面，第5章は脳，発達・文化・進化，ロボットvs.人間，視覚・聴覚・触覚の比較といった多面的な視点から多感覚コミュニケーションについて検討しており，私自身がかかわった研究を数多く取り上げている。

　第5章までの内容は，実験室における人間のふるまいに関する研究成果であるが，こうした人間の特性が現実場面では実際にどの

ように表出するのか，あるいは現実場面におけるコミュニケーションはどのように説明されるのかという疑問がわいてくる読者も多いだろう。第6章ではそうした例として，オンラインでの多感覚コミュニケーション，そしてマスク着用時の多感覚コミュニケーションを取り上げる。じつはこの内容は執筆開始当初には予定していなかったものであるが，執筆スケジュールが大幅に遅れている間にコロナ禍が発生し，従来にはないコミュニケーションスタイルと直面することになった結果，新たに執筆することにした内容である。コロナ禍という特殊状況でのコミュニケーションは，通常時のコミュニケーションとは異なるのではないかと考えることもできる。しかし，私はむしろ特殊な状況においてこそ，人間の特徴的な側面が浮き彫りになるのではないかと考えている（いつも特殊な状況を作り出すことばかり考えている実験心理学者のクセかもしれない）。コロナ禍が収束した後にも，ウィズコロナ時代の多感覚コミュニケーションについて同時代的に考察しておくことには記録的な意味もあると期待したい。

　最後の第7章は，本書全体のまとめと展望である。第6章までの内容を振り返ったうえで，「マルチセンソリー・ヒューマン」（1.6節および第7章参照）としての人間の特徴を指摘し，将来の研究に向けた展望を述べる。

　本書では多感覚コミュニケーションという複雑な現象に対して，筆者の専門とする実験心理学を中心とした認知科学的アプローチを切り口として迫ろうとしている。実験心理学に対しては，特定の大学・学科の，特定の実験参加者から得られた知見を人間一般に適用しようとすることへの批判があるが，本書では，文化比較，発達，比較認知，ロボットなどの視点から，なるべく多面的にアプローチすることを心がけた。

　本書で扱える内容は限られているが，多感覚知覚，そして多感覚

コミュニケーションの研究は，認知科学や周辺領域のさまざまな問題とつながっている。心理学，神経科学，ロボティクス，コミュニケーション論など，さまざまな学問を専門とする研究者や学生のみなさん，そして言語聴覚士，公認心理師・臨床心理士，企業の研究開発部門など，社会のさまざまな場所で活躍されているみなさんに本書をお読みいただき，それぞれの立場から多感覚コミュニケーションについて考え，独自の問題意識を持ち，社会に還元していただくためのきっかけとなれば幸いである。

目　　次

第1章　知覚の多感覚性

1.1　心の入口としての知覚

　私たちの日常生活で経験する出来事のほとんどすべては，五官の複数の感覚を通して知覚される。例えば，花火は光と音の芸術であり，視覚と聴覚に訴えかける。音のない花火は，私たちにまったく異なる印象を与えるだろう。逆に，音しかない花火では物足りないだろう。映画館では迫力ある映像と音響が，視覚と聴覚を刺激するとともに，触覚を通して振動も伝わってくる。あるいは料理も多感覚的な芸術の一つであろう。料理のおいしさの知覚をつかさどるのは味覚だけではない。食べ物の匂いを感じる嗅覚が食欲を刺激し，見た目の視覚情報が味に彩りを添え，触覚を通して伝わる食感が加わることで，私たちは料理に「おいしさ」を感じている。

　人間は感覚器官を通して外界の情報を受け取っている。大まかにいえば，目は視覚，耳は聴覚，皮膚は触覚，鼻は嗅覚，そして舌は味覚の感覚器官である。こうした感覚器官から入力された情報は「そのまま」の形で知覚されるわけではない。知覚される段階で，外界の物理的性質とは大きく異なる特徴をもった表象が構築されることも多い。というよりも，われわれの心的世界は外界のコピーではなく，感覚器官から入力された情報をもとに内部に心的世界を再構築しているのである。このようにして再構築された外界の表象に基づいて，われわれは知覚対象の一部に注意を向け，知識と照合

し，記憶にそれらの情報を貯蔵しつつ，意思決定をおこない，適切な行動をとる。そういう意味で，知覚は「心の入口」であるといえる。

　心理学や認知科学にあまり馴染みがないと，ピンとこない読者もいると思うので，視覚を例に挙げて具体的に説明したい。目の網膜は，自分の前に広がる世界がどのようであるかを感じ取る最初の窓口である。網膜で受け取った光は大脳皮質へと伝達され，分析・統合される。この過程で，外界とはまったく異なる世界が心の中に構築される。

　このことが顕著に現れるのが錯視である。心理学の世界では，錯視とは一般に物理的に測定される長さ・大きさ，明るさ・色，運動，あるいはそれらの幾何学的な関係が，それとは著しく異なって感じられる現象のことを指している。ここで，もっとも有名な錯視を例にして説明しよう。図 1.1 を見ていただきたい。A と B の図形の線分の長さを比べると，どちらが長いだろうか。

図 1.1　どちらが長く見えるだろうか？

1. A のほうが長い
2. B のほうが長い
3. A と B の長さは同じ

　おそらく 1 と答える人は多いだろう。ちなみに，筆者にもそう見える。一方で，3 と答える人も多いだろう。おそらくこの方々は，テレビなどでこの錯視を体験したことがあるのではないだろうか。その経験をもとに，「これは A のほうが長く見えるけど，じ

つは長さは同じなのだから，正解は3だ」と判断したかもしれない。この錯視は，筆者が大学1年生向けに毎年授業で紹介しているもので，以前は1の回答が圧倒的に多かったが，最近は3の回答もかなり多くなってきた。おそらくテレビなどで以前にもまして広くこの錯視が知られるようになったことも影響しているのだろう。

　ところでこの問題の正解は，じつは2である。正解できた読者はどのくらいいるのか興味があるが，多くの人は1か3と回答したのではないだろうか。疑い深い人はぜひ定規で測って確かめてみてほしい。そうすると2が正解であることを受け入れざるをえなくなる。これはけっこうな衝撃である。自分がより長いと感じているもののほうが，じつはより短かったのである。この錯視はミュラー・リアー錯視と呼ばれる（ものに私なりのアレンジを加えたものである）。テレビでよく紹介されるのは，「じつは同じ長さでした」という図形だが，ここでは少しひねりを入れて，「じつは短く見えるほうが長いのでした」という図形をお見せした。

　ミュラー・リアー錯視が私たちに強烈に突きつけるのは，定規で計測可能な物理的長さと，人間が心で感じる心理的長さは異なっているという事実である。ミュラー・リアー錯視に限らず，錯視とは物理的世界と心理的世界のずれが顕著な形で露呈する現象だと言い換えてもよいだろう。

　このような例を通して，「知覚は心の入口である」といわれる理由に納得していただけただろうか。私たちは外界の情報をそのままとらえているわけではない。入口の段階ですでに外界の情報がこれだけ歪められているのだから，知覚より先，つまり注意，記憶，思考といった認知の働きや，感情や動機づけといった働きが関与するなかで，外界はすっかり別の姿に形を変えてしまうことは容易に想像できる。ここで重要なことは，多くの心的事象は知覚が起点になっているということである。人間は見えたこと・聞こえたこととい

った知覚内容に対して，注意を向け，物事を判断し，行動することが多い（もちろん，外界の事象とは別に，自身の意思によって生じる行動もある）。なので筆者は，知覚について知らずして人間の心に適切にアプローチすることはできないだろうと考えている。

1.2 知覚の多感覚性

最初に述べたように，日常の多くの体験には複数の感覚器官が関わっている。「それは当たり前だろう」と思う人もいるかもしれない。テレビを視聴するときには視覚と聴覚を使っているし，食事をするときには視覚で食べ物をとらえ，鼻で匂いを感じつつ，舌では味と同時に触感を感じ取る。揚げたてのコロッケを噛めば「サクッ」と音がする。このように，五感から入力された情報は同時並行的に処理され，それぞれの感覚に訴えかけるという意味で，知覚は多感覚的であるのは疑う余地もない。

しかし，認知科学で「多感覚」というときには，こうした同時並行性以上のものを指すことが多い。多感覚とは，単に見たものと聞いたものを足し合わせているという意味ではない。むしろ，単に足し合わせたものとは違う何かが生み出されるという側面こそがクローズアップされることが多い。

こうした考え方はとても魅力的に感じられる。あるいは当然と思う人も多いかもしれない。しかし実は，伝統的な実験心理学ではこうした「足し算以上の多感覚性」はあまり積極的には取り入れられてこなかった。それは，のちほど述べるように，伝統的な実験心理学の考え方と多感覚知覚という現象はあまり相性が良くなかったためであろうと筆者は考えている。しかし，近年の知覚研究の興味深い成果のかなりの割合は，多感覚知覚に関する研究成果であることも事実である。こうした成果については，おもに第2章以降で紹介したい。

1.3 多感覚知覚研究の歴史

1.3.1 多感覚知覚研究の萌芽

　私たちの生活の中で，外界の環境を把握するときも，他者とコミュニケーションするときも，常に情報の入口は感覚器官である。単一の感覚器官からしか情報が入力されないことはまれであり，多くの場合は複数の感覚器官から情報が入力される。こうして複数の感覚器官から入力された情報は，相互に作用し合いながら知覚される。これが多感覚知覚である。

　こうした知覚の多感覚性に関する研究は，歴史を遡ると哲学における「モリヌークス問題」が発端となっているかもしれない。これはアイルランドの科学者でもあり弁護士でもあったウィリアム・モリヌークスが，イギリスの哲学者ジョン・ロックに宛てた書簡のなかで示した問題のことである。具体的には，生まれつき目が見えない人が発達するなかで，同じ金属，同じ大きさの立方体と球体を触覚で識別するようになったとする。その後，彼が目が見えるようになったとき，目の前に置かれた立方体と球について，それらに触れずに視覚だけで区別することができるのかというのがモリヌークス問題である。これは触覚による学習が視覚に転移するかどうかという問題であり，現代でいえば多感覚知覚，より具体的にいえばクロスモーダル知覚（1.5 節参照）に関する問題ということになるだろう。

　その後，心理学という学問が誕生すると，知覚の研究は前述のとおり，感覚ごとに分かれて進められてきた。このことは『Vision Research』，『Journal of Vision』，『Hearing Research』といった有名な雑誌名に端的に示されているといえるだろう。一方で，多感覚知覚に関する心理学的研究も細々とではあるが，古くからおこなわれてきていた。

例えば，Stratton (1896) の逆さメガネの実験はその代表的なものである。Stratton はプリズムの入った上下左右が逆転するメガネを自らかけ続けたまま数日間過ごし，そのときの経験を克明に記録した。メガネをかけた直後は視野に映る像は上下左右が逆転して見えた。左に動くと視野に移る像は右に動く。上に動くと下に動く。著しく気持ち悪く感じられるが，これは視覚情報と体性感覚情報の不整合によって生じる。しかし驚くべきことに，数日経つとやがて「逆転して見える」という感覚は消えてしまい，像は正立して見えてくる。

　このほかにも，音などの視覚以外の感覚刺激の存在によって，測定される視力が向上するという報告は古くから存在する。しかし，こうした研究は知覚研究のメインストリームではなく，多感覚知覚の研究が脚光を浴びたのは，もう少し先になってからである。

　今日の心理学の教科書には，たいてい 2 つの多感覚知覚に関する現象が紹介されている。マガーク効果と腹話術効果である。以下ではこれらの現象について紹介したい。

1.3.2　マガーク効果

　マガーク効果についてはぜひここで長々とした説明を読む前に，下記動画などを通して実際に体験していただきたい。

『The McGurk Effect/マガーク効果』
https://www.youtube.com/watch?v=Cezwv5kkLwM

マガーク効果とは，話者の口の動きを見ることによって，話者の音声が本来とは異なって聞こえるという錯覚のことを指す。この現象を発見したのは，イギリス・サリー大学のハリー・マガーク博士と，彼のリサーチアシスタントを務めていたジョン・マクドナルドである。彼らの実験では，「バ」と発話している音声に，「ガ」と発話している映像を組み合わせて実験参加者に呈示した。すると，多くの実験参加者には「ダ」と発話されたように知覚されることが明らかとなった。

　ここで，もし視覚と聴覚が完全に独立であるならば，このような現象は起こりえないはずである。聴覚はあくまでも耳から入力された情報を知覚するということならば，どんな映像と組み合わされようとも音声は「バ」と聞こえるはずである。また，「もし視覚と聴覚が競合していたら常に視覚が優先される」ということならば，「ガ」と聞こえるはずである。しかし実際に得られたのは，「バ」でも「ガ」でもなく，「ダ」と聞こえるケースが最も多いという結果であった。この結果を説明するためには，視覚情報と聴覚情報が何らかの形で相互作用することを仮定せざるをえない。

　余談だが，この現象の発見には印象的なエピソードがある。じつは彼らは錯覚を研究するためではなく，乳児の視聴覚統合に関する別の研究のためにこの動画を作成していた。ある日，彼らは視覚と聴覚が競合する状況を作り出し，乳児の反応を見ようと考えた。映像と音声が一致するビデオに加えて，映像と音声が矛盾するビデオ，具体的には映像が「バ」で音声は「ガ」と言っているビデオと，映像は「ガ」で音声は「バ」と言っているビデオを作成するように技術スタッフに依頼した。スタッフがそのビデオテープを作成し，マクドナルドがチェックしたところ，予期せぬ音声が聞こえた。マクドナルドは最初，スタッフがダビングでミスをしたと思い，上司であるマガークを呼びに行った。そして一緒にビデオの内

容を確認すると，マガークは憤慨したのだった。なぜなら，依頼内容とは異なる，「ダ」という音声が聞こえたからである（それまでにも彼は技術スタッフとたびたび言い合いをしていたという経緯がある）。しかしその後，丹念に確認してみると，これはミスではないということがわかった。マガークがこのビデオを目を閉じて聞くと，ちゃんと「バ」と言っていることがわかったのだ。つまり，彼が視聴していたビデオは，まぎれもなく依頼どおりの内容，つまり映像は「ガ」で音声は「バ」と言っているビデオだったのだ。そして，それを目を開けて視聴すると「ダ」と聞こえたということだった。

この発見にマガークは興奮した。そこで彼らは予定していた乳児の実験を変更して，のちにマガーク効果と呼ばれることになるこの偶然の発見を詳細に調べる実験をおこない，論文にまとめた (McGurk & MacDonald, 1976)。この論文こそが，マガークとマクドナルドが 1976 年に Nature 誌で発表した論文 "Hearing lips and seeing voices" である。多感覚知覚研究のランドマークであるこの論文の引用回数は現在（2022 年 7 月）までに 8150 回に上っており，無数にある心理学の論文の中でも有数のインパクトを持ち続けている。

1.3.3　腹話術効果

2 つ目に紹介したいのは，腹話術効果と呼ばれる錯覚である。これは何のことはない，単に腹話術のことである。多くの読者は腹話術を一度はご覧になったことがあるだろう。腹話術師は人形を持ちながら，口を動かさずにしゃべる。代わりに人形の口をパクパクと動かす。そうすると，それを観察している人には，あたかも人形がしゃべっているように感じられるわけである（図 1.2）。

これがどのように錯覚であるかというと，知覚される音源位置が

図 1.2　腹話術の様子

実際の物理的な音源位置とは異なってしまうという点である。実際の音源位置は腹話術師の口元だが，知覚される音源位置は人形の口元になっている。もっと言うと，声という聴覚情報が，人形の口の動きという視覚情報に引きずられてしまうので，視覚と聴覚にまたがる多感覚的な錯覚だということになる。

　こう言ってしまうと，この錯覚の何がすごいのかと感じられるかもしれないが，腹話術効果は強力で，私たちはほぼ毎日この錯覚の恩恵に預かっているといってもよい。例えば，テレビを見ているとき，画面に人物が出てくれば，とくに疑問も持たずにそこから声が出ているように感じるのではないだろうか。しかし，実際には声はテレビの（多くの場合）左右にあるスピーカーから再生されている。この場面でいちいち人物と声の位置がずれて知覚されていたら，気になって仕方がないだろう。そういった意味では，私たちが快適にテレビを楽しむことができるのも腹話術効果のおかげだといえる。

ちなみに，この現象の存在自体は日常生活において古くから明らかであり，特定の誰かが発見したという紹介のされ方はあまりない。「腹話術効果」という表現を最初に用いたのは Howard and Templeton (1966) である。しかし，この現象を示す実験結果は Thomas (1941) によって報告されている。

1.3.4　人間は視覚優位な動物か

　ここで紹介した2つの現象はいずれも，人間は視覚優位であることの証拠だと考えられてきた。マガーク効果は音声の聞こえ（聴覚）が口の動き（視覚）に影響を受けるという現象であり，決してその逆のことは起こらない。つまり，音声によって口の動きが違って見えてしまうことはない。同様に，腹話術効果も声の聞こえの位置（聴覚）が人形（視覚）に影響を受けるという現象であり，その逆はない。つまり，声によって人形の位置が変化して見えるということはないのである。

　少し前の心理学の教科書には，シュードホン（迷聴器とも呼ばれる）とビックリハウスの話がよく載っていた。シュードホンとは，Young (1928) の実験で用いられた装置であり，左から届く音が右耳に，右から届く音が左耳に入るようになっている（図1.3）。装着した状態で目を閉じると，左に音源がある音は右に知覚される。しかし，目を開けると左に音源がある音は（右耳から入力されるにもかかわらず）左に知覚される。これは視覚と聴覚が矛盾するときに視覚情報が優先されたととらえることができ，視覚優位を示す証拠の一つだと考えられてきた。

　ビックリハウスは「浅草花やしき」など，ちょっとレトロな遊園地にあるアトラクションのひとつだ。図1.4のように，家の中でブランコに座った状態でいると，家が動き出し，やがて回転する。すると，中にいる人は家が動いているとは気づかず，家ではなく自分

図 1.3　シュードホン

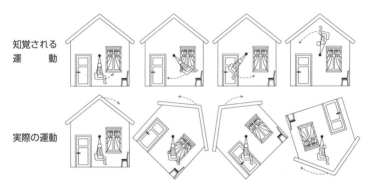

知覚される
運　　動

実際の運動

図 1.4　ビックリハウス（Metzger, 1953 を参考に作成）

自身が宙返りしたかのような感覚が得られる。これは視覚と体性感
覚から得られる情報が矛盾したときに，視覚情報が優先されたとと
らえることができ，視覚優位を示す証拠の一つだと考えられてきた。
　なお，人間は視覚優位といわれてきたが，他の動物を見渡すと，
感覚の優位性はそれぞれの種が生活する環境に依存することがわか
る。例えば，コウモリは暗闇で暮らすため，視覚情報は利用できな
いことが多い。結果として，コウモリは聴覚と嗅覚が優位になって
いる。

1.3.5 本当に多感覚知覚は存在するのか

多感覚知覚が存在することは今では広く受け入れられているが，研究の歴史を振り返ると，必ずしも古くから合意されていたわけではない。マガーク効果と腹話術効果という2つの現象を見る限りは，多感覚知覚が実在することに疑いの余地はないように思われる。しかしこうした現象は，知覚レベルではなく，反応レベルで生じているのではないか（反応バイアス説）という疑念が常に投げかけられていた。具体的な実験に即して言えば，例えば視覚単独呈示の場合と視聴覚同時呈示の場合では，刺激への反応は変わるけれど，それは単に刺激に「惑わされている」だけであり，知覚しているものには変わりはなく，頭の中では「統合」だの「融合」だのといったことは起こっていないという考え方である。例えば，腹話術効果は声の聞こえの位置には変化はないけれど，人形の見えに惑わされてつい「こちらから聞こえてきた」と人形のほうを指さしてしまっているだけ，と説明できてしまうかもしれない。

腹話術効果をはじめとする多感覚的錯覚については，知覚変化説と反応バイアス説の間で激しい議論があった。最終的には，こうした錯覚には反応バイアスも一部混ざっているものの，工夫した実験によって完全に反応バイアスを取り除いてもなお残る錯覚現象の存在から，知覚レベルで変化しているという結論で多くの研究者は納得している。

1.3.6 多感覚知覚研究の盛り上がり

このように多感覚知覚はなかなか興味深い現象が満載だが，それでも歴史的には多感覚知覚はどちらかというとマイナーな研究テーマであり，知覚研究は視覚を中心に研究が進められてきた。

アメリカの大学で心理学の入門講義の教科書として定番になっているマイヤーズの『Psychology』では（ここでは邦訳『マイヤ

ーズ心理学』（西村書店）を参照），全 693 ページのなかで「感覚間相互作用」の項目に割かれているのはわずか 1 ページ強である。日本の教科書でも状況は似たようなもので，教養の心理学のテキストとして用いられる『心理学（第 5 版）』（東京大学出版会）でも多感覚知覚に関する記述は 1 ページに収まっている。

　以前，『人は見た目が 9 割』という書籍がブームになったことがあったが，「知覚心理学の研究者も視覚研究者が 9 割」と言ってしまってもおおむね間違いではなかった。他の感覚の研究者は視覚研究者に比べてぐっと少ないし，ましてや多感覚知覚の研究者はもっと少ない状況が続いていたのである。

　しかし，2000 年前後からこうした状況に変化が見られるようになった。きっかけは，以前には思いもよらなかった衝撃的な多感覚的錯覚がいくつか報告されたことであった。具体的には，マガーク効果や腹話術効果のように視覚が聴覚を変えるという錯覚ではなく，聴覚が視覚を変えるという錯覚が報告されたのである。詳しくは第 2 章で紹介するが，こうした現象の報告によって，人間は視覚優位だという「常識」は覆され，あるときには視覚，またあるときには聴覚といった形で，その場で信頼できる情報に強く依存して，適応的に外界を知覚しているということがわかってきたのである。

1.4　多感覚知覚研究の最前線

1.4.1　多感覚研究コミュニティの形成

　前節で紹介したように，多感覚知覚の研究が盛り上がってくると，多感覚知覚に特化したコミュニティを形成しようという機運が高まってくる。そうした流れのなかで創設されたのが，International Multisensory Research Forum (IMRF) である。第 1 回のフ

ォーラムは 1999 年にオックスフォード大学で開催された。公式ホームページによれば，このときは基調講演に加えて口頭発表が 15件，ポスター発表が 23 件という小規模のものであったが，近年では発表が数百件規模にまで拡大しており，この領域の発展を物語っている。こうした流れを受けて，2013 年には Seeing and Perceiving 誌と Spatial Vision 誌を母体として，多感覚知覚に特化した学術雑誌である Multisensory Research 誌が新たに創刊された。

2009 年には日本国内でも同様のコミュニティとして，多感覚研究会が創設された。多感覚研究は心理学，生理学，工学などさまざまな分野の研究者が関心を持っているがゆえに，互いの知見の共有や分野を超えた議論の場がなかった。このようなコミュニティができ，学際的な議論の場となることで，日本発の多感覚研究がより一層盛んになっていくことが期待できる。研究会という名称は大小さまざまな組織に対して用いられるが，多感覚研究会の規模は年々拡大しており，ここ数年では毎回 100 名程度の参加者がいる。もはや学会と呼んでもよいほどに大盛況である。

1.4.2 研究テーマの変遷

IMRF の歴史はまだ 20 年程度ではあるが，数年単位で研究テーマに流行のようなものが見られている。研究テーマと手法の大まかな分類としては，刺激の特徴量や時間・空間特性を操作した心理物理学的研究，多感覚知覚の変化を扱う順応・学習・訓練に関する研究，感覚間可塑性 (crossmodal plasticity)，発達障害や精神疾患と多感覚知覚の関連性，感情知覚や自己・他者の知覚などの社会性と関連する研究，fMRI (functional magnetic resonance imaging, 磁気共鳴機能画像法) や EEG (Electroencephalography, 脳波) などを用いた脳機能計測研究，多感覚知覚の発達に関する研究などに大別できそうである。感覚モダリティで言うと，従来の多感

覚知覚の研究は，マガーク効果と腹話術効果もそうであるように，視聴覚の相互作用に関するものが多かった。しかし近年は，触覚や体性感覚に関する研究がかなりの存在感をもっている。加えて，味覚や嗅覚の関わる研究もそれなりにあり，IMRF に参加すると，視聴覚の研究はむしろ少数派であるような印象さえ受ける。

1.4.3　多感覚知覚研究の応用

　また，基礎研究としての知覚研究の成果はヴァーチャルリアリティ（VR）やロボットの開発に積極的に利用されている。例えば，より「リアル」な VR を実現するためには，五感をフルにシミュレーションできる技術が望まれる。このとき，人間の感覚の特性，そして感覚間の相互作用に関する知見を十分に理解し活用することが近道であることは想像に難くない。

　このような認識は古くから存在していて，先に紹介したビックリハウスなどもその一つだし，もう少し読者になじみ深い例を挙げれば，遊園地などのレジャー施設にある乗り物体験型室内アトラクションも多感覚知覚を利用したアミューズメントである。こうしたアトラクションでは，座席に座っているだけで，あたかも飛行機や宇宙船に乗っているかのような感じを体験することができる。一気に加速して前進したり，落下したりといった感じを味わうことができるが，実際には部屋や座席がほんの少し傾いたり移動したりしているだけである。つまり，これも物理的な移動距離と心理的な移動距離にズレが見られる錯覚現象であり，視覚と前庭感覚という複数の感覚モダリティへの刺激によって生じる多感覚的錯覚ということになる。体の向きや動きに関する平衡感覚は，単一の感覚入力によってもたらされるわけではない。平衡感覚の主な情報源は前庭感覚であるが，前庭感覚は視覚の影響を受けやすい。こうしたアトラクションでは急速に加速する様子を映し出した映像と，ほんの少しだけ

前庭感覚に刺激を与える椅子の動きを組み合わせて，あれだけのリアリティのある移動感を実現しているのだ。もし疑いをもった人がいたら，目をつぶってアトラクションを体験してみてほしい。きっと動きに関しては，ただ椅子がせせこましく動いているだけであることに気づくだろう。

1.5 用語の整理

1.5.1 マルチモーダル，クロスモーダル，そして多感覚

感覚間の相互作用について言及するとき，「多感覚 (multi-sensory)」「マルチモーダル (multimodal)」「クロスモーダル (crossmodal)」など，いくつもの用語が使われており，混乱してしまう読者も多いだろう。これらは厳密に定義されて使い分けられているわけではなく，ほぼ同義で用いられることもある。しかし，無秩序に使うと混乱するので，細かな話で恐縮だが，本書での使い分けをここで整理しておきたい。

「マルチモーダル」という用語は工学系でよく用いられる。五官の複数感覚が組み合わさって機能するような情報処理を指して「マルチモーダル情報処理」と呼ぶことが多い。例えば，従来の音声認識技術は音声情報のみを利用していたが，マルチモーダル音声認識は話者の顔（とくに口の動き）の情報も利用することで，より精度の高い音声認識を目指す技術である。

「クロスモーダル」はもともと「通様相的」とも訳されており，「感覚間」ないし「感覚モダリティをまたぐ」というニュアンスがある。「マルチモーダル」が加算的側面にフォーカスした用語だとするならば，「クロスモーダル」は補完的側面にフォーカスした用語だということもできるだろう。例えば，視覚障害者の聴覚情報処理様式に変化が生じることはクロスモーダルな現象の一つである。

「クロスモーダル」という用語はもともと心理学界隈でよく用いられていたように思うが，最近では工学系でも用いられるのをよく見かける。これは従来のVRの手法，すなわちそれぞれの感覚器と対応した刺激を複数呈示して，高いリアリティを生み出すマルチモーダルな手法との対比で用いられていることが多い。つまり，「触れていないのに，視覚刺激を通して触れられた感覚を与える」など，得られる感覚（触覚）と直接は対応していない刺激（視覚）を呈示することで，ある感覚（触覚）をヴァーチャルに与えるような技術の立ち位置を明確にするために意図的に使い分けがなされているようである。

　「多感覚」はそれらすべてを包括するような用語であり，複数の感覚が関わる人間の知覚やコンピュータの情報処理全般を指している。本書では「マルチモーダル」という用語は使わず，「感覚間」という側面にフォーカスする際には「クロスモーダル」を用いる。それ以外の意味では「多感覚」という用語で統一することにする。

　これらの言葉に，「知覚」「統合」「融合」「相互作用」「情報処理」「インターフェース」といった言葉が組み合わさって，「多感覚知覚」「多感覚統合」「マルチモーダル知覚」「マルチモーダル情報処理」「クロスモーダルインターフェース」などといった表現が用いられる。「知覚」「相互作用」は人間に対して用いられることが多く，「情報処理」「インターフェース」はコンピュータに対して用いられることが多い。

　「統合」という用語はあまり深く考えずに用いられがちだが，複数の感覚情報が出合うとき，それらが「統合」しているのかどうかはけっこう難しい問題である。本書では「多感覚統合」とは複数の感覚情報が結びついて一つの情報になることを指すことにする。例えばマガーク効果で言うと，「バ」という声と「ガ」という口の動きが結びついて「ダ」という一つの知覚表象になると考えれば，統

合したということになる。ところが，多感覚的な現象はすべてが統合による現象だとは考えにくい。例えば，腹話術師と人形の距離（角度）があまりにも離れていると腹話術効果は生じず，「人形はあそこにあるけれど，声はこちらから聞こえる」というようなことが起こる。このような統合とは呼びにくい現象をも包括する呼び方として「多感覚相互作用」「多感覚知覚」という用語を用いることにする。

1.5.2　五感
——人間の感覚は五種類か

　もう一つ用語として補足しておきたいのが「五感」である。「五感」ないし「五官」という言葉は日常的によく使われるが，人間の感覚モダリティがいくつあるのかは研究者によって意見が分かれるところである。視覚，聴覚，嗅覚，味覚は，おおむね受け入れられた区分だと言える（もちろん議論はいろいろとある）。一方で，一般に「触覚」と呼んでいる感覚は複数の受容器にまたがっており，皮膚感覚（触覚，温覚，冷覚，痛覚），自己受容感覚（運動感覚，位置感覚），平衡感覚，内臓感覚に分けて考えるのが一般的になってきている。本書では「五官」ないし「五感」という用語を用いるが，これは感覚モダリティが五種類しかないという意味ではない点に留意されたい。なお，「五官」は感覚器官に着目した用語であり，「五感」はそれらによって生じる人間の感覚そのものに着目した用語である。

1.6　日常の多感覚知覚
——マルチセンソリー・ヒューマン

　口の動きの視覚情報で声の聞こえが変わるというマガーク効果，そして人形の視覚情報で音源の聞こえの位置が変わるという腹話術

効果の存在は，視覚と聴覚は切り離すことができないことを示している。こうした事実を目の当たりにすれば，視覚と聴覚といった単一の感覚をそれぞれ分けて研究しているだけでは，人間の知覚の重要な側面を見落としてしまうこと，説明できないことは明白であるように思われる。

　これらの現象は特殊な実験環境で最大限あらわになる錯覚ではあるが，われわれは常に五官を駆使して日常を過ごしており，おそらくわれわれの誰もがまだ気づいていないようなものも含めて，多感覚的な知覚は，今この瞬間にも私たちの目の前に存在しているはずである。

　例えば，高齢者の間で「今日は眼鏡を忘れたからよく聞こえないよ」という話を聞くことがある。一見すると何を言っているのかよくわからないが，つまりはこういうことである。高齢者は聴力が低下すると，それを補うために話し手の口の動きを利用して，多感覚的に音声を知覚しようとする。ところが視力も低下していると，話し手の口元をよく見るためには眼鏡が必要になる。しかし，眼鏡を忘れてしまったので口元がよく見えず，結果として音声の聞き取りにも影響が生じてしまう，ということである。こうしたエピソードは，日常的なコミュニケーションも多感覚的であることをよく言い表している。

　IMRFなどの多感覚研究コミュニティでは，知覚レベル，あるいはせいぜい注意に関する現象ばかりが研究されている印象がある。しかし知覚や注意だけではなく，記憶，思考などのより高次のレベルも含めて，あらゆる段階の認知処理は多感覚的である。例えば「ながら勉強」は，音楽を聴きながら（＝課題と非関連な聴覚刺激を呈示された環境下で）勉強をする（＝視覚呈示された認知課題に取り組む）という状況である。「ながら勉強」における妨害効果は記憶段階で起こるとされる。例えば文章読解をしていると

き，ワーキングメモリに文章の言語情報が視覚的に入力される。このとき，BGM が歌詞を含む音楽であれば，歌詞の情報もワーキングメモリに聴覚的に入力され，結果として両者がワーキングメモリ内で干渉してしまうという具合に説明される。このような記憶という高次のプロセスで生じる現象は，多感覚相互作用という枠組みでとらえられることは少ない。

　さらに別文脈で多感覚という用語が使われている研究テーマとしては，カテゴリ学習を挙げることができる。事物のカテゴリはふつう，リンゴ，バナナ，みかんなどは「果物」というように，共通の特徴に基づいて，特定の感覚モダリティには依存しない記号として表象されていると考えられてきた。しかし Barsalou (1999) は，知覚的シンボルシステムという視点からカテゴリをとらえている。例えば赤ちゃんが母親を認識する際には，母親の見た目に加えて，声，肌触り，匂いなど，さまざまな感覚情報（知覚的シンボル）を用いて多感覚的に認識している。

　こうした高次の認知処理に関する研究領域では，これまで必ずしも「多感覚」という用語が使われてきたわけではないが，扱われている現象が多感覚的であることは明白である。個人的には，今後は知覚レベルのみならず，より高次のレベルにおいても「多感覚」という共通のキーワードを用いて研究を進めることが大切だと考えている。そして，多感覚的な情報処理に根差してさまざまな認知活動を実現している人間像として，「マルチセンソリー・ヒューマン」とでもいえるような側面を描き出していきたい。

第2章 多感覚知覚

2.1 多感覚統合の原理

　第1章では五感が独立ではないことを述べた。しかし，なぜ「五感」という複数の種類の感覚が備わっているのだろうか。外界には光・音などさまざまな物理的現象が存在する。異なる感覚器官は異なる物理的刺激に反応するため，複数の種類の感覚器官をもつことは，それだけ多様な情報を外界から得ることにつながり，生存に有利であることといえる。人間の五感のいずれかが万能かというとそんなことはなく，それぞれの感覚にはどうしても得手不得手がある。例えば視覚は，遠くにあるものが何であり，どこにあるのかを精度よく認識するときには大きな力を発揮する。これに対して聴覚は，音を発しないものに対しては無力であるし，人間の嗅覚も遠方にあるもののにおいをキャッチできるほどには鋭くない。触覚や味覚は，接触しているものに対してしか感じることができない近感覚であり，遠くにあるものはキャッチしようがない。一方で，少なくとも人間のように視野が限定された生物にとっては，視覚は後ろから迫りくる危険には鈍感である。イヤホンをして大音量で音楽を聴きながら街を歩くと疑似体験できるように，聴覚が活用しにくい状況下では後ろから来る車に気づかずに，ドキッとする場面に遭遇することもある。その点，聴覚は360度全方位からの情報をキャッチできるので，足音や走行音などを頼りに全方向に存在する危険を

検知することができる。このように五感はそれぞれの利点を生かしながら，欠点を補い合っており，これこそが複数の感覚があることの大きな意義であると考えられる。

　それぞれの感覚器官から入力された情報は，それぞれ別個の感覚を生み出す。目から入った情報は「見える」という感覚を生み出し，耳から入った情報は「聞こえる」という感覚を生み出す。ところが，五感は互いに独立しているわけではない。では，なぜ五感は独立していないのだろうか。

　第1章で述べたように，外界のイベントそのものは特定の感覚モダリティだけを刺激するわけではないことが多い。例えば，音が鳴るときには物体が振動しており，そのことは触覚や視覚によっても知覚することができるだろう。ドラムの音は聴覚から知覚されるが，ドラムをたたく動作は視覚からも知覚され，ドラムに触れればドラムの振動を触覚で感じ取ることができる。このように，「ドラムをたたく」という行為の結果として生じるイベントは，聴覚・視覚・触覚を通して知覚することができる。このとき，「どこかで音がする」「誰かがたたいている」「何かが振動している」という情報をバラバラに受け取るだけでは，こうした外界の事実をひとつのまとまりをもったイベントとして知覚できているとは言えない。「あの人が，あの場所で，スティックを振り，ドラムが振動した結果，音が鳴っている」という全体像を（意識せずとも）認識できた状態をもって，初めて「ドラムをたたく」というイベントをひとつのまとまりとして知覚できたと言えるだろう。つまり，あるイベントから知覚される視覚・聴覚・触覚情報は本来的に独立ではなく，互いに関連しているのである。

　ひとつのまとまりをもったイベントとして知覚するためには，聴覚・視覚・触覚から入力された情報を結び付ければよいということになるが，じつはこれは一筋縄ではいかない作業である。例えばジ

ャズのバンドの生演奏を鑑賞しているとき，聴覚に入力される音はドラムだけではなく，ベースもピアノもサックスもあるかもしれない。同様に，視覚に入力される情報も複数のプレイヤーの姿や，楽器，アンプ，他の聴衆の姿など膨大な数に上る。このとき，誤ってドラムの音をピアニストの姿と結びつけてしまうと，なんだかわけのわからないことになってしまう。触覚も同様なので省略するが，ともかく感覚間の情報を結びつけるという作業は，こうした大量に存在する情報のどれとどれを結び付ければよいのかという問題を解くことにほかならない。

　では，何を手がかりとして情報を結び付ければよいのだろうか。まず思いつくのが空間情報である。「同じ方向から発信された複数の感覚情報は同じイベントに起因する」と認識すればよいのではないだろうか。しかし，このストラテジーでは結びつけはうまくいかないことが多い。サックスの音を例にとれば，聴衆の耳に届く音の大部分は生音（楽器から発生している音）ではなく，スピーカーから流れている音（マイクで拾った楽器音）だからである。このとき，視覚情報は演奏者の位置に，そして聴情報は（おもに）スピーカーの位置に存在するので，「同じ方向から発信された複数の感覚情報は同じイベントに起因する」というストラテジーはうまく機能しないことになる。

　空間がダメなら，次に思いつくのが時間である。「同じタイミングで発信された複数の感覚情報は同じイベントに起因する」と認識すればよいのではないだろうか。ところが，このストラテジーもまた厳密にはうまく機能しない。人間の目と耳に届く情報には時間差があるためである。詳しくは 2.3 節で議論するが，30 メートル離れた位置から演奏を聴いていれば，目と耳に届くタイミングは 0.1 秒程度ずれているはずである。よって，ドラムをたたく動作と同じタイミングで耳に届いているのは，むしろベースなどの他の楽器の

音かもしれないのである。

　このようにみていくと，どうやら人間が外界をひとつの現実としてまとめ上げるためには，それぞれの感覚から得られる情報を「足し算」して，そのまま鵜呑みにするだけではうまく機能しないようだということがわかる。むしろ，感覚間で相互作用が可能であればこそ，こうした問題にうまく対処することができるのである。これもまたマルチセンソリー・ヒューマンを示す事実の一つであろう。

　もっとも，そもそも複数感覚からの情報だけではなく単一感覚からの情報も，いくつかの属性に分けて処理がなされ，そのあと統合されるという手順を経る。

　人間の視覚系では，形，色，動き，奥行きなどの特徴をそれぞれのモジュールが独立して分析している。もし目の前にただ一つの物体のみが存在しているという状況であれば，このような手順で処理が進むことでとくに問題は生じない。しかし，目の前に複数の物体が存在するときには，一度それぞれのモジュールに分解された色や形などの特徴がどの物体に帰属するのかを決定するために，特徴を再統合する必要がある。このとき，例えば「赤い円と青い正方形が呈示されたときに，それが赤い正方形と青い円ではなく，赤い円と青い正方形であると正しく知覚できるのはなぜか」ということが問題となる。この複数情報の統合の難しさはバインディング問題と呼ばれている。多感覚知覚の場合，単一感覚におけるバインディングと比べて，複数の感覚情報は空間的に異なる位置に存在しうること（色と形は空間的には同じ位置に存在する），そして時間的にも異なるタイミングで存在しうること（色と形は少なくとも入力時点では同じタイミングで感覚器を刺激している）が，さらに問題を難しくしているのである。

　では，脳はどのようにして複数感覚間のバインディング問題を解いているのだろうか。ここまでみてきたように，ある単一のイベン

ト（出来事）は視覚と聴覚などの複数の感覚器官を刺激することが多いが，これらの刺激はバラバラのままではなく，ひとつのまとまりをもって知覚される。こうした視聴覚統合を生じさせるうえで利用される手がかりとして，複数情報間における時間・空間・内容の一致を挙げることができる。

　まず，あるイベントから生じる視覚刺激と聴覚刺激は時間的にほぼ同時に生じることが多い。例えば，口の動きと声がぴったり合っていれば，両者は同じイベントに起因する（ある話者の口の動きと，その結果として生み出された声）と知覚される。逆に，しゃべった口の動きの1秒後に声が聞こえてくるのは違和感があるし，その口の動きと声を結び付けて知覚することは難しい。

　次に，あるイベントから生じる視覚刺激と聴覚刺激は空間的に同じ方向から生じることが多い。例えば，右斜め前にいる人がコップを床に落としたら，「床に落ちて割れるグラス」（視覚刺激）と「グラスの割れる音」（聴覚刺激）は同じ方向から生じる。しかし，同じ状況でグラスは左斜め前に見えて，音は右斜め前から聞こえたら，違和感があるだろう。

　また，あるイベントから生じる視覚刺激と聴覚刺激は内容的に一致するのがふつうである。例えば，目の前の人がバイオリンを弾いたとき，バイオリンの音色が聞こえてきたら「あの人がバイオリンを奏でている」と感じるだろう。しかし，同じ状況でトランペットの音色が聞こえてきたら違和感がある。

　このように，時間・空間・内容の一致は視聴覚統合において重要な役割を果たしている。ただし後述のとおり，これらの3つの厳密な一致は不可欠ではない。

2.2 声はどこから聞こえるのか
——感覚間の空間的バインディング

2.2.1 腹話術効果と腹話術

前節では，あるイベントから生じる視覚刺激と聴覚刺激は空間的に同じ方向から生じることが多いと指摘した。ところが実際には，同じ方向から生じていないこともあると併せて指摘した。前節のサックスの音の例のように，サックス奏者の姿とスピーカーからの音は異なる方向にあるにもかかわらず，ほとんど疑うことなく同じ方向にあるように感じていることも多いのではないだろうか。これは，1.3.3 項でも述べたとおり，音源の物理的な位置と知覚的な位置にずれが生じる錯覚であり，この錯覚は腹話術効果と呼ばれる。腹話術効果のおかげで，演奏者とスピーカーの位置が異なるにもかかわらず，聴衆はそれを気にすることなく「このプレイヤーが演奏している」という感覚が得られるのである。腹話術効果はテレビ視聴時など日常的に経験しているため，それが錯覚であると気づかないことが多く，錯覚であると説明されてもいまいち驚きの感情が生まれにくい。しかし裏を返せば，それくらい頻繁に，そして強力に生じている錯覚であるといえる。

余談だが，現代では腹話術はエンターテインメントの一つであるが，古代には死者の魂を呼び起こしたり，神のお告げを伝えるための神秘的なものとして信じられていたという (Vox, 1993)。聖書には腹話術についての言及が多くあり，悪魔の道具であり，地獄が生み出したものだと述べられることもあった。中世の暗黒時代には，腹話術師は監獄に入れられたり，死刑に処されたりすることもあった。18 世紀には劇場の出し物として登場するようになったが，特殊な人たちがもつどんな方向にでも声を飛ばすことができる特別な才能だと誤解されていた。神秘的な印象を受けるのは現代において

もあまり変わらないかもしれないが，実際には心理学的に説明可能な現象である。

　なお，腹話術の技術的困難さの一つに，口を動かさずに発声する技術が挙げられる。発話に用いられる調音器官は，舌，歯，軟口蓋，唇である。あいうえおの母音は，歯と唇をほんの少し開いておけば，口の中の構音器官だけを使って唇を動かさずに発音できる。ところが，ある種の子音，とくに唇音と呼ばれる子音は，唇を動かさずに発音することは極めて困難である。唇音には p, b, m といった子音が該当し，唇を閉じて開けるときに音を破裂させることで発音される音である。例えば，いま自身で「パ」と発声してみれば，唇を閉じていることが確認できるだろう。ところが，腹話術では口を閉じたら観察者にすぐにばれてしまうため，唇を閉じずに「パ」と発声する必要がある。筆者も随分練習したが，いつになってもできるようにならない。しかし，YouTube でいっこく堂さんの動画を見ると，これをいとも簡単にやってのけている。以前いっこく堂さんが学会で講演したときに「唇音も口の中で破裂を作り出す」と言っていたが，もちろん詳細は企業秘密とのことだった。口の中で作り出すと，音声学的には「タ」に近い音になるようだが，これが「パ」に聞こえるのには人形の口の動きによるマガーク効果の影響もあると考えられる。つまり腹話術は，腹話術効果とマガーク効果という 2 大古典的多感覚知覚が織りなすイリュージョンなのだ。

2.2.2　腹話術効果の特性

　さて，ここらへんで話を戻して，腹話術効果の特性を詳しく見ていきたい。腹話術効果は，音と光の位置の違いがある程度の範囲に収まっていれば生じる。発光ダイオードの光と純音というシンプルな刺激を用いた研究では，両者が異なる水平位置から呈示されたとき，観察者から見て両者が 4 度の方向差のときには「位置が同じ」

と感じる割合が約90%だが，12度になると，ほぼすべての回答が「位置が異なる」となった (Slutsky & Recanzone, 2001)。ただし，空間的な統合が生じる範囲は研究によって10度から30度程度と大きく異なっており，音，視覚刺激，環境，注意，興味などによってかなり変わる。

　また，水平方向より垂直方向（上下）や奥行き方向では大きく離れていても腹話術効果が生じやすい。こうした違いは，聴覚のみに基づく定位精度の違いに起因していると考えられる。水平方向では両耳に音が届く時間差と強度差が音源方向の手がかりとなりうる。つまり，左に音がある場合には左耳に先に音が到達するし，左耳に到達する音のほうが大きい。これに対して，前方上方にある音と前方正面にある音は，どちらも左右の耳に同時に同じ大きさで届く。それでも偶然以上の確率で定位できるのは，耳たぶ（耳介）が上下非対称な形をしていて，上から届いた音と下から届いた音では反射特性が異なることが手がかりとなっているためである。

　腹話術効果は空間的注意が機能するよりも初期の段階で生じる。といっても何のことかピンとこないと思うので，まずはDriver (1996) がおこなった非常に興味深い実験を紹介したい。この実験では，前方に置かれた同じスピーカーから，同じ人の発話音声を2つ（ここではセリフAとセリフBとする）同時に呈示する（図2.1）。音声編集ソフトを使ってミキシングして試してみるとすぐにわかるが，この状況ではどちらかの音声を聞き取るのはなかなか難しい（逆に言えば，ふだん二人が同時にしゃべっていてもどちらか一方の発話に注意を向けて正しく聞き取れるのは，二人の声質が異なり，異なる場所にいるためである）。ここで，スピーカーからやや離れた位置にあるディスプレイに，発話者が2種類のうちどちらかのセリフ（例えばセリフA）をしゃべっているときの映像を呈示すると，何が起こるだろうか。興味深いことに，なんとセリフ

刺激

口の動きが
セリフ A

セリフ A・セリフ B
(同時)

知覚

セリフ A

セリフ B

図 2.1　Driver (1996) の実験のイメージ

が聞き取りやすくなるという結果が得られた。この結果は，セリフ
A だけがディスプレイの発話映像の位置から聞こえてきて（セリ
フ B はスピーカーの位置から聞こえたまま），物理的には同じ位置
から呈示されている 2 つのセリフの音源位置が知覚的に分離され，
聞き取りやすくなったと解釈することができる。つまり，聴覚刺激
の間で選択的注意を振り分けるよりも前の段階で，視聴覚統合が生
じていることを示唆する結果である。

2.2.3　即時的効果と残効

　ある音がある場所から呈示されるとき，物理的に同じ位置から呈
示されるからといって，常に同じ位置から呈示されているように
知覚されるわけではないことも知られている。視覚刺激と聴覚刺激
の両者が空間的に離れた位置から何度も与えられつづけると，やが
てその状況に対して順応が生じて，両者は同じ位置（視覚刺激の呈

示位置に近い位置）から呈示されていると感じられるようになる。その後，視覚刺激なしに聴覚刺激だけを呈示しても，もともと視覚刺激があった位置の近くに音源があるように聞こえる。Recanzone (1998) の実験では，聴覚刺激の呈示位置よりも 8 度右側から視覚刺激を呈示する状況に順応すると，その後，聴覚刺激のみを呈示したときに，知覚される音源位置が右に 8 度ほどずれることが報告されている。視覚刺激そのものは目の前からなくなってしまっても，経験による順応が聴覚情報の空間的定位に影響するのである。このような現象は腹話術残効と呼ばれる。音源位置の知覚は，視覚刺激と聴覚刺激の位置関係に応じて常に適応的に調整されているのである。

　ここで，空間知覚から少し話を広げたい。多感覚知覚を分類する軸はいくつもあるが，効果の即時性＝持続性という軸から分類すると，即時的効果 (immediate effect) と残効 (aftereffect) の 2 種類に分けることができる (Bertelson & de Gelder, 2004)。即時的効果とは，腹話術効果のように，複数の感覚情報がその場 (online) で影響しあう現象を指す。残効とは，腹話術残効のように，その場にはもうない (offline) にもかかわらず，ある感覚が別の感覚に影響を与える現象を指す。多感覚知覚というと，前者を最初に思い浮かべがちであるが，逆さ眼鏡への順応後の残効など，後者にも長年にわたる研究の蓄積がある。感覚間の対応関係は固定的ではなく常に変化するものなので，順応によって関係を調整し，その効果がしばらく持続することは適応的であるといえるだろう。

　残効は，視覚や聴覚などの単一感覚内においても生じる。視覚でよく知られた錯視の一つとして「滝の錯視」と呼ばれる運動残効がある。これは，滝をしばらく眺めたあとに視線を周囲の静止した景色に移すと，静止している景色が上に動いて見えるという現象である。滝の例では垂直（上下）方向の運動だが，運動残効は水平方向

や奥行き方向でも生じる。

　視聴覚間での残効は腹話術残効のような空間知覚だけではなく，運動知覚においても生じる。興味深いことに，視覚的運動の残効は視覚の中にとどまらず，聴覚にも残効が波及することを Kitagawa and Ichihara (2002) が示している。Kitagawa らは視覚的に近づいてくるように見える物体を 2 分間観察して奥行き方向の運動に順応したあと，音圧（大きさ）が一定の音を呈示すると，音が小さくなっていくように聞こえることを発見した。日常生活において，視覚的運動と聴覚的運動は密接に関連していることが多い。例えば，車が近づいてくるときには，車の視覚的サイズとエンジン音はともに拡大する。このため，近づいてくる視覚的運動を観察するときには，近づいてくる聴覚的運動（音が大きくなる変化）の処理と同様の処理が脳内でおこなわれ，その結果として聴覚的運動への残効が生じたと考えることができる。

2.3　「同時」とはいつのことか
——感覚間の時間的バインディング

2.3.1　光の旅，音の旅

　2.1 節で「同じタイミングで発信された複数の感覚情報は同じイベントに起因する」というストラテジーは，うまく機能しないことを述べた。では実際，視覚情報と聴覚情報はどのくらいタイミングがずれて脳に届くのだろうか。光と音の旅に着目してみよう。

　まず光の旅である。光は 1 秒間に約 300,000,000 メートル進む。これは地球 7 周半に相当する距離である。つまり，光源から網膜まではほぼ一瞬で届くと言ってよいだろう。ただし，網膜から大脳皮質視覚野に届くのに約 50 ミリ秒，その後，初期の分析が完了するまでにはさらに数十ミリ秒かかる。

次に音の旅である。音は1秒間に約340メートル進む。こうやって並べてみると，光と比べてだいぶ遅いことがわかるだろう。一方で，耳（基底膜）から大脳皮質聴覚野に届くまではわずか約20ミリ秒であり，その後の分析も迅速である。つまり，光と比べて音は脳内での伝達速度は速いといえる。

2.3.2 統合の時間窓

このように，光速と音速には大きな違いがある。大教室で授業をしているとき，教壇に立つ教員と教室の後ろのほうにいる学生の間には，30メートル以上の距離があることもあるだろう。そのとき学生が耳にする教員の声は，約0.1秒前に発せられた声である（マイクが教室後方にもある可能性はここでは考慮しない）。にもかかわらず，学生は「あの先生は口の動きと声がずれている」とは感じない。それはなぜだろうか。どうやら，脳にはこうした感覚間の時間差に対処するための仕組みが複数あるようだ。

一つは同時性の時間窓 (temporal window of simultaneity) である。これは二つの感覚情報が同時だと感じられる時間幅のことであり，どの程度の時間差までなら「同時」と感じられるかという形で測定することができる。具体的な測定手法としては，同時性判断課題と時間順序判断課題がメジャーである。両者の測定結果はだいたい似たようなものになるが，一致しないこともある。

Hirsh and Sherrick (1961) は，単純な視覚刺激と聴覚刺激をさまざまな時間差で呈示して，どちらの刺激が先に呈示されたか（「視覚が先」「聴覚が先」の2択で回答）を判断させる時間順序判断課題を用いた実験を実施した。その結果，主観的に同時と感じられる時間範囲（同時性の時間窓，just noticeable difference (JND) と呼ばれることが多い）は20ミリ秒程度であった。

このように同時性の時間窓にはある程度の幅があるが，その範囲

内で最も同時と感じられるタイミングのことを主観的同時点 (point of subjective simultaneity, PSS) という。多くの研究から，PSS は光よりも音がやや遅れたタイミングになることが報告されている。PSS がどの程度音が遅れたタイミングになるかは研究によって異なるが，例えば Zampini et al.（2005）では，PSS は音が 30 ミリ秒程度遅れたタイミングだと報告されている。また，その後の研究から，同時性の時間窓の大きさは光や音の物理的性質，音声であるか否か，一体性の仮定，因果性などによって大きく異なることがわかっている。

　LED 光やフラッシュ光といった単純な視覚刺激と，「ピー」というビープ音などの単純な聴覚刺激の組み合わせのときには，時間窓が小さくなる。一方で，日常場面で私たちが実際に遭遇する視覚刺激と聴覚刺激はこうした単純な実験刺激よりも複雑であることがほとんどであろう。こうした日常場面での刺激を用いた研究からは，単純な刺激を用いた研究よりも大きな時間窓が報告されている。Dixon and Spitz（1980）は，ハンマーをたたく映像とたたいた音を刺激として用いた。実験の結果，音先行 75 ミリ秒，音遅延 188 ミリ秒で非同期が検出された。この時間窓は，単純な刺激を用いた Zampini et al.（2005）の結果と比べるとだいぶ大きいといえる。Vatakis and Spence（2006）は，楽器演奏者（ピアノ，ギター）の映像と音，およびオブジェクト（ハンマー，ウッドブロック）の映像と音を刺激として用いた実験をおこない，両者の時間窓は同程度であることを報告している。なお，楽器演奏の場合は単音節の音声やビープ音などと比べると刺激の時間長（演奏時間）が長いので，時間窓が大きくなることが多い。言い換えれば，同時性の時間窓は刺激の時間長にも依存する。

　コミュニケーションにおいては，人間の顔（口の動きなど）と声は最も重要な視聴覚刺激だといえるが，刺激が音声であるか否かも

時間窓に大きく影響する。音声の場合，同時性判断や時間順序判断といった手法でも時間窓を測定することができるが，私たちが音声を聞くときの本質は，同時かどうかではなく，何を言っているのかを判断することである。したがって，同時性判断や時間順序判断の代わりに，音声に映像を付加することによる利得を指標として時間窓を測定することもできる。音声に「ザー」というノイズを加えるなどして聞き取りにくくしたとき，話者の口の動きの映像を付け加えると，音声の聞き取り成績が向上する。ただし，この利得は映像と音声に時間差を付けていくと徐々に小さくなる。時間差を徐々に拡大していき，映像と音声に1秒もの時間差を付ければ，映像による利得は完全に消え去ってしまう。この時間差と利得の関係に着目すれば，映像と音声の同時性や時間順序について直接の主観的判断を求めることなく，間接的・客観的に時間窓を測定することができる。

　Grant and Greenberg (2001) は，こうした手法を用いて文章を読み上げた音声の単語同定成績を指標として時間窓を測定した。音声には狭帯域バンドパスフィルタと呼ばれる処理をかけていて，非常に聞き取りにくくなっている。実験の結果，音先行120ミリ秒，音遅延400ミリ秒のとき，時間差0ミリ秒と比べて単語同定成績が半分に低下することを報告している。また，Munhall et al. (1996) はマガーク効果を用いた研究をおこなっている。/aga/という発話映像と/aba/という音声を組み合わせたマガーク刺激を用いて，映像の影響が生じる（/ada/や/aga/という回答が得られる）時間窓を測定した。実験の結果，音先行60ミリ秒から音遅延240ミリ秒の範囲で映像による影響が確認された。van Wassenhove et al. (2007) は，映像/ka/＋音声/pa/の組み合わせを用いて同様の検討をおこない，音先行25ミリ秒から音遅延136ミリ秒の範囲で融合反応（/ta/という回答）が見られた。このように，客観的な

手法を用いた研究からも，タイミングを判断させる手法を用いた研究と同様の時間窓が報告されている。

視覚刺激と聴覚刺激が一緒に起こりそうに感じられることを「一体性の仮定」(unity assumption) と呼ぶ。一体性の仮定が視聴覚統合に影響するかどうかは長年の議論の的であった。Vatakis and Spence (2007) は，異なるタイミングで呈示される単音節，または単語の視聴覚音声刺激に対して，視覚刺激と聴覚刺激の時間順序判断をおこなう実験を実施した。実験の結果，話者の顔と声の性別が一致しているときには（女性の顔＋女性の声），一致していないとき（女性の顔＋男性の声）と比べて同時性の時間窓が大きくなることを報告している。話者の顔と声が一致しているときには一体性の仮定が高いとみなせると考えれば，この結果は一体性の仮定が少なくとも視聴覚統合の時間窓には影響することを示唆している。

一体性の仮定と同様に，因果性の仮定も視聴覚統合の時間窓に影響する。因果関係という観点から視覚事象と聴覚事象の関係をとらえると，視覚で観察できる事象が原因で，聴覚で観察できる事象が結果であることが多い。例えば，口の動きと声の関係は，「口を動かしたから声が出る」という関係であって，「声を出したから口が動く」のではない。同様に拍手と音の関係も，「拍手したから音が出る」のであって，「音が出たから拍手する」のではない。こうした因果性は，いずれも視覚先行（聴覚遅れ）のほうがより同時だと感じられる方向に影響する。

2.3.3　時差順応

同時性の時間窓という考え方では，「こういう視覚刺激とこういう聴覚刺激の組み合わせではどのくらいまで時間差が許容される」ということが規定されることになる。しかし，この同時性という基準は固定的なものではなく，適応的に変化することが実験的に示さ

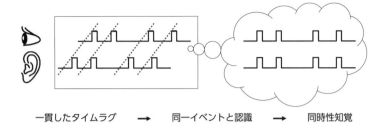

一貫したタイムラグ　➡　同一イベントと認識　➡　同時性知覚

図 2.2　時差順応 (Fujisaki et al., 2004)

れている (Fujisaki et al., 2004; Vroomen et al., 2004)。

　Fujisaki らの実験では，人間が時間差に順応することを報告している。実験には順応フェーズとテストフェーズがあり，順応フェーズでは 3 分間，視覚刺激と聴覚刺激が一定の時間差（音先行 (−235 ミリ秒)，同時 (0 ミリ秒)，音遅延 (+235 ミリ秒) の 3 条件）で呈示されるのを観察する。その後，同時性判断課題をおこなうと，視聴覚同時刺激順応後と比べて，音遅延刺激順応後のほうが音遅延に対する時間窓が拡大した。また，音先行刺激順応後のほうが音先行に対する時間窓が拡大した。つまり，同時だと感じられる時間差の範囲が，順応した時間差の方向に広がったのである。この現象は時差順応 (lag adaptation もしくは temporal recalibration) と呼ばれる（図 2.2）。

　この実験は，ちょうど衛星中継を見ているときに生じる違和感と，その解消過程と対応しているといえる。衛星中継では，しばしば映像と音声に時間差が生じる。一般には，音声のほうが映像よりも情報量が小さいので，音声が先行して届くことが多い。最初は違和感を覚えるが，見ているうちにだんだんと気にならなくなったという経験がある人も多いのではないだろうか。これがまさに時差順応である。

　その後の研究からは，視聴覚のみならず，視覚＝触覚間，聴覚＝

触覚間でも同様に時差順応が生じることがわかっている (Navarra et al., 2007; Hanson et al., 2008; Harrar & Harris, 2008; Keetels & Vroomen, 2008; Takahashi et al., 2008)。また，順応には3分間もかからず，時間差をごく短時間観察するだけでも順応が生じることも報告されている (van der Burg et al., 2013; Tanaka et al., 2009)。

　一方，フラッシュ光とビープ音のような単純な刺激ではなく，話者の顔と声からなる視聴覚音声を刺激とした場合には，少し異なったパターンが報告されている。Tanaka et al.(2011) は，音声刺激を用いて時差順応について検討した。実験の結果，主観的同時点は，音先行順応条件 (−233ミリ秒) では音先行寄り，音遅延順応条件 (+233ミリ秒) では音遅延寄りにシフトした。これは単純な刺激を用いた研究結果とも一致している。一方で，時間窓幅は音先行順応条件と比べて，音遅延順応条件のときに大きいという予想外の結果が得られた。通常，音声を発話するときには口の動きが先行して，その後に発音がなされる。そのため，音先行よりも音遅延のほうが日常的にも観察頻度が高い。このことが音遅延順応条件でのみ時間窓が拡大するという結果につながった可能性がある。

　ところで先に述べたように，人間の音声に対する情報処理を考えたとき，「顔と声のタイミングが同時かどうか」よりも「それがどう聞こえるか」のほうが重要であろう。このことを踏まえると，時差順応が音声の聞こえに対しても生じるかどうかは，興味深い問題である。Asakawa et al. (2012) は音声刺激を用いて，同時性判断課題とマガーク音声同定課題による検討をおこなっている。同時順応時と音声遅延順応時の結果を比べると，同時性判断のみならず，マガーク音声の聞こえに対しても順応条件による違いが見られた。つまり，音声遅延に順応すれば，音声遅延刺激の聞き取りに対しても時差順応が生じることが示された。この研究ではマガーク刺激を

用いていたが，視聴覚一致刺激にもこの結果が当てはまるなら，テレビ放送等で音声と映像のタイミングがずれていても，順応が生じれば，ずれに気づきにくくなるのみならず，映像の口の動きの視覚情報を音声の聴覚情報と統合して，聞き取りに活用されうることを示しているといえるだろう。

2.3.4 時空間相互作用

　ここまで視聴覚統合の空間的側面と時間的側面を分けてみてきたが，両者には相互作用があることが示されている。Sugita and Suzuki (2003) は，視覚刺激（LED 光）と聴覚刺激（ホワイトノイズ）の時間順序判断は，視覚刺激の観察距離に応じて変化することを発見した。観察距離が 1 メートルのときは，実験参加者は音が光より約 3 ミリ秒遅れて呈示されたときに両者が同時だと判断した。観察距離を長くすると，音がより遅れて呈示されたときに同時だと判断された。具体的には，観察距離を 1 メートル長くするごとに音を 3 ミリ秒だけ遅らせて呈示すると，実験参加者は両刺激を同時だと判断した（観察距離 20 メートルまで）。これは音が大気中で 1 メートル進むのに約 3 ミリ秒かかることとよく対応しており，「脳は音速を知っている」ともいえるだろう。この研究結果は，視聴覚統合において脳が音の伝搬の時間遅れを観察距離に応じて補正していることを示唆している。

2.4　人は見た目が 9 割？
——多感覚統合の優位性

　マガーク効果と腹話術効果は，どちらも人間は視覚優位であることの証拠だと考えられてきた。しかし，2000 年前後からこうした状況に変化が見られるようになった。聴覚が視覚を変えるという錯覚が相次いで発見されたのである。

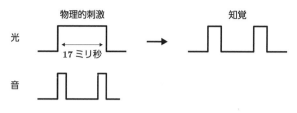

図 2.3　ダブルフラッシュ錯覚 (Shams et al., 2000)

　第一に，ダブルフラッシュ錯覚と呼ばれる現象である (Shams et al., 2000)。図 2.3 のように，光が短時間の間に一度だけ点滅（オン・オフ）するとき，音がないと光は一度点滅したように見える。光と同時に音が一度呈示されても同様である。ところが，同時に音が二度呈示されると，光も二度点滅を繰り返したように見えるのだ。つまり，聴覚が視覚を変えるという錯覚である。ちなみにこの現象は視覚と聴覚を逆にすると成立しない。音が短時間に一度だけ呈示されるときに，光が二度点滅しても音は二度鳴ったようには感じられないということである。

　第二に，ストリーム・バウンス運動と呼ばれる現象である (Sekuler et al., 1997)。図 2.4 のように，2 つの円が徐々に接近し，交差して通り過ぎるという視覚の運動を観察する。音がない場合，多くの人には円は交差して通り過ぎたと知覚されることが多い。しかし，2 つの円が交わるタイミングで音を呈示すると，円と円がぶつかって跳ね返ったように感じられることが多くなる。つまり，音の有無によって視覚的な運動の解釈が変化するということである。

　第三に，時間的腹話術効果 (temporal ventriloquism effect) と呼ばれる現象である (Morein-Zamir et al., 2003)。2 つの光が異なる位置（例えば左右）にわずかな時間差をつけて呈示されるのを観察し，左右どちらの光が先に呈示されたかを判断する。このとき，

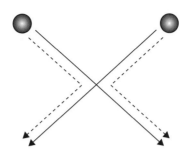

図 2.4　ストリーム・バウンス運動 (Sekuler et al., 1997)

　図 2.5 のように，先に呈示される光の直前に音を一度呈示し，後に呈示される光の直後に音をもう一度呈示すると，光の順序判断の成績が向上する。逆に，先に呈示される光の直後に音を一度呈示し，後に呈示される光の直前に音をもう一度呈示すると，光の順序判断の成績が低下する。この結果は，光の呈示のタイミングが音の呈示のタイミングに吸い寄せられたと考えることで説明できる。つまり，前者の条件では光のタイミングが音に吸い寄せられて知覚された結果，光と光の間隔が長く知覚され，正確に順序判断をすることができた。逆に後者では，光と光の間隔が短く知覚され，順序判断が難しくなったということである。

　この現象は実際の腹話術とは何も関係ないが，空間的な錯覚である腹話術効果の時間版という意味で，時間的腹話術効果と呼ばれている。図 2.5 に示すように，腹話術効果では視覚が聴覚（音源位置の知覚）を空間的に吸い寄せるが，時間的腹話術効果では聴覚が視覚（点滅回数の知覚）を時間的に吸い寄せるという点で対照的な現象であるといえる。

　こうした現象の報告によって，人間は視覚優位だという「常識」は覆され，あるときには視覚，またあるときには聴覚に強く依存していることがわかってきた。では，結局人間の知覚システムはどん

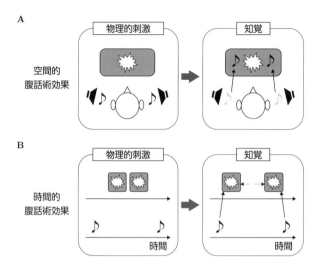

図 2.5　空間的腹話術効果と時間的腹話術効果 (Hidaka et al., 2015)

な情報を信じて多感覚統合しているのだろうか。答えを簡単に言ってしまうと，人間は信頼できる情報に依存して多感覚統合しているということになる。

　視覚は空間的な処理に長けている。視力 1.0 の人の場合，5 メートル先にあるランドルト環（視力の測定に用いられる，アルファベットの「C」のように円に切れ目の入った図形）のわずか 1.5 ミリメートルの切れ目がどこにあるかを知覚できる。この 1.5 ミリメートルという精度は音にはとうてい実現できない。試しに想像してみてほしい。5 メートル先に超小型スピーカーが 2 個あって，1.5 ミリメートル間隔で左右に並んでいる。このときにどちらか片方のスピーカーから音を出して，私たちはどちらから音が出たかを知覚できるだろうか。答えは当然 No である。同様の実験をすると，15 センチメートル程離れたときにようやく左右の区別がつくことがわかっている。したがって，無理やり数値化するならば，視覚は聴覚

の 100 倍は空間的精度が高いことになる。

　では，聴覚がすべての側面で視覚に劣るかというと，そんなことはない。聴覚は時間的な処理に長けている。短い時間間隔で音が連続呈示されるとき，音と音の間隔が 2 ミリ秒もあれば 2 つの音であると知覚することができる。ところが，光が点滅するときには 2 ミリ秒ではまるでわからない。間隔が数十ミリ秒程度まで大きくなってようやく知覚できるようになる。つまり，無理やり数値化するならば，聴覚は視覚の少なくとも 10 倍は時間的精度が高いことになる。

　以上のように，視覚は空間処理が得意で，聴覚は時間処理が得意といった具合に，感覚モダリティにはそれぞれ得意分野がある。そこで，ある課題の遂行に最も適したモダリティが優先されるという考え方が提唱された。これはモダリティ適切性仮説 (modality-appropriate hypothesis) と呼ばれる。

　しかしこれは，現実世界ではおおむね当てはまるが，実験的には視覚より聴覚のほうが空間情報の精度が高い状況や，聴覚より視覚のほうが時間情報の精度が高い状況を作り出すことができる。例えば腹話術効果の実験で，視覚刺激を大きくぼやけたものにすると空間的な精度が低下し，音の位置に強く依存した形で定位がおこなわれることが示されている。この現象は逆腹話術効果と呼ばれ，常に空間情報は視覚優位というわけではなく，その場そのときによって，精度の高い情報に重みづけしていることを示している。

　これらの結果は，最尤推定ですべて説明できる。この仮説では，各感覚から与えられる情報の信頼性に基づいて，信頼性の高い情報をより大きく重みづけて，情報が統合されると考える。視聴覚統合の例でいえば，視覚と聴覚の感覚推定値をそれぞれ $\hat{S}_A$, $\hat{S}_V$, それらに対する重みづけ係数を ω_A, ω_V とすると，視聴覚統合した推定値は次の式で表される。

$$\hat{S}_{AV} = \omega_A \hat{S}_A + \omega_V \hat{S}_V$$

　重みづけ係数は信頼性を表現していて，推定値の分散の逆数と対応する。つまり，分散が小さいほど信頼性が高いということである。このモデルは，視聴覚のみならず，さまざまな感覚モダリティ間での統合をうまく説明できる (Ernst & Bank, 2002)。

2.5　視聴覚を超えて
——五感の多感覚相互作用

　多感覚統合の研究のなかで，もっとも研究の数が多いのは視聴覚統合であろう。視聴覚統合で興味深い現象が発見されると，他の感覚モダリティでも類似の現象が発見されることも多い。また，前節でもふれたように，視聴覚統合で明らかになった原理は，他の感覚モダリティにも適用可能であることも多い。一方で，特定の感覚モダリティの組み合わせに固有だと考えられる現象もある。最近は，視聴覚以外の組み合わせの多感覚統合の研究も盛んにおこなわれている。とくに触覚のかかわる多感覚統合は身体に根差しており，「自己とは何か」という哲学的議論とも密接にかかわるほか，視覚・聴覚を超えた VR 技術の基盤としても注目されており，興味深い知見が続々と報告されている。

2.5.1　ラバーハンド錯覚

　視覚と触覚にかかわる錯覚としては，ラバーハンド錯覚が非常に有名である。この錯覚を体験するためには，ラバーなどでできた手の模型，筆，衝立を準備すればよい（図 2.6）。まず，右手の模型を自分（実験参加者）の右手の近くに置き，その右側に衝立を置いて，実物の自分の手はその向こう側（右側）に置く。そうすると，自分の右手は見えないが，代わりにそれらしい位置に模型の手が見

図 2.6　ラバーハンド錯覚の実験風景

えるという状態になる。

　その状態で，向かい側に立った実験者は，参加者の右手と模型の
右手を同時に筆でなでる。なでる部位は親指，人差し指，手の甲な
ど，次々に変えていくとよいだろう。ただし，必ず実物と模型の手
で同じ部位を同じタイミングでなでるようにする。これを数分続け
た後，実物の手をなでるのをやめ，模型の手だけをなでると，実験
参加者は実際にはなでられていないにもかかわらず，実物の手がな
でられているような感覚が得られる。これがラバーハンド錯覚であ
る。

　ラバーハンド錯覚の成立には，これまでに紹介してきた多感覚統
合の諸現象と同様に，感覚間での時間・空間・内容の一致性が重要
な役割を果たしている。ラバーハンド錯覚は，実物と模型の手の空
間位置のずれが大きいと弱まるし (Armel et al., 2003)，模型（視
覚刺激）と実物（触覚刺激）の手をなでる時間ずれが大きいと消失
する (Botvinick & Cohen, 1998)。一方で，内容（例えば手の色）

が不一致でもラバーハンド錯覚は生起し，白人参加者が黒色のラバーハンドを使っても生じるとの報告もある (Maister et al., 2013)。

2.5.2　運動＝感覚間のタイミング知覚

2.3.3 項で時差順応という現象を紹介したが，感覚同士のタイミングだけではなく，運動と感覚のタイミングにおいても同様の順応が生じる (Stetson et al., 2006; Heron et al., 2009; Sugano et al., 2009)。Stetson et al. (2006) は，キーを押すと画面に視覚フィードバック（フラッシュ光）が呈示される状況を設定し，キー押しと視覚フィードバックの間に遅延（100 ミリ秒）がある条件と遅延がない統制条件で実験をした。実験の結果，遅延への順応後には，統制条件と比べてキー押しと視覚フィードバックの主観的同時点がシフトした。具体的には，視覚フィードバックがキー押しと同時ではなく，やや遅れて呈示された場合に，むしろ同時であると感じられるようになった。興味深いことに，遅延への順応後は，視覚フィードバック刺激が遅延なしで呈示されると，実験参加者は視覚刺激がキー押しよりも前に呈示されたと感じられると報告した。本来の因果関係を考えれば「キーを押したからフラッシュが光る」はずなのだが，知覚的には因果関係が逆転して，光った後にキーを押したと感じられてしまったのである。極端な言い方をすれば，キーを押そうとしたときに，100 ミリ秒後の未来が少し先に見えてしまったともいえる。このように考えれば，この錯覚は「未来が見える眼鏡」につながる錯覚であるともいえる（わずか 100 ミリ秒後の未来ではあるが）。

運動＝感覚間のタイミング知覚は，感覚＝感覚間（例えば視聴覚間）のタイミング知覚と本質的に異なるのだろうか。身体の一部を動かせば，それにともなって触覚や自己受容感覚（自分の体の位置や姿勢，動きに対する感覚）も生じる。例えば，指を動かした結果

としてキーに触れれば触覚が生じるし，「指が移動している」という自己受容感覚も生じる。このように考えれば，感覚同士の時差順応の一種であるととらえることもできる。ただし，決定的な違いは能動性の有無である。能動性の有無は，時間知覚に影響することが知られており，能動的な運動とそれに対する感覚フィードバックとのタイムラグは，受動的な運動の場合よりも短く知覚される。能動的な運動（例えば，机を手でたたく運動）とそれに対する感覚フィードバック（例えば，手が机をたたくのが見える，たたいた音が聞こえる，机の触感が感じられる）の間には，強い因果関係が知覚される。能動的運動と感覚フィードバックの間に感じられる強い因果関係が両者の知覚的結びつきを高めていると考えられる。また，能動的運動では運動意図が運動に先行して存在しており，これに基づいて運動の結果を予測できる，という違いもある（菅野, 2010）。Haggard らは，この能動的運動と感覚フィードバックの結びつきをインテンショナル・バインディング (intentional binding) と名付け (Haggard et al., 2002; Tsakiris & Haggard, 2003)，近年では関連する研究も数多くおこなわれている。

運動＝感覚間の時差順応においても，能動的運動と感覚フィードバックとの間の時間的なずれへの順応は，受動的運動と感覚フィードバックとの間の時間的なずれへの順応 (Navarra et al., 2007; Keetels & Vroomen, 2008; Hanson et al., 2008; Harrar & Harris, 2008; Takahashi et al., 2008) と比べて，大きな時差順応が生じるようである。前者では，順応によって PSS は 30％程度もシフトしているのに対し，後者では多くの場合，せいぜい 10％程度かそれ以下のシフトにとどまっている（菅野, 2010）。このような違いにもインテンショナル・バインディングが関与している可能性があるといえるだろう。

2.5.3 自己の多感覚知覚

多感覚相互作用が大きな役割を果たすのは，外界の知覚に限った話ではない。触覚のかかわる多感覚統合は身体性に根差しており，「自己とは何か」という哲学的議論とも密接にかかわる。

「自己とは何か」という問いに対して，現象学的哲学者のショーン・ギャラガーは，ミニマル・セルフ，すなわち自己を構成する最小限の要素という視点から，身体所有感 (sense of ownership) と自己主体感 (sense of agency) という 2 種類の自己感 (sense of self) を定義した。身体所有感とは，「この身体は私のものである」という感覚のことである。自己主体感とは，「この行為を引き起こしたのは私である」という感覚のことである。どちらも当たり前のように感じられるかもしれないが，こうした感覚が希薄な人も存在するし，また実験操作によってこうした感覚を減弱させることもできる。

身体所有感と自己主体感はともに，多感覚統合を基盤として成り立っていると考えられる。身体所有感は，体性感覚や触覚で自分の身体を感じ，視覚で自分の身体を確認することで保たれる。逆に言えば，視覚情報と触覚情報が一致していれば，自分の身体ではないものに対しても身体所有感を持つことができる。その極端な例として，何もない透明な空間に身体所有感を作り出せること，つまり人は「透明人間」になれてしまうことが Guterstam et al. (2015) の研究によって示されている。Guterstam らは以下に述べるようなユニークなセッティングで実験をした（図 2.7）。まず，実験者が右手で実験参加者のお腹を刷毛でなでて，左手で何もない空間を刷毛でなでる。このとき，実験参加者はヘッドマウントディスプレイを通して自分のお腹のあたりを見ているが，そこには実験者が左手で何もない空間をなでている様子が映し出される。しかし，その様子に合わせて自分のお腹に刷毛を感じるので，実験参加者は自分が

参加者の見ているもの　　ナイフによる脅威

図 2.7　Guterstam et al. (2015) の実験状況

何もない空間にいるとも解釈できる状況にある。実際に，このような状況に順応した後に質問紙で尋ねると，実験参加者は透明人間になったような感覚が得られることがわかった。また，刷毛の代わりに突然ナイフを突きつけると，大きな皮膚電気反応が得られた。つまり，主観的な指標に加えて，生理的な指標からも「透明人間になった」ことが裏付けられたのである。このように，ラバーハンドどころか，「何もない空間」にさえ，身体所有感を作り出すことができることがわかった。

　自己主体感も，運動を体性感覚で感じると同時に，運動の結果を他の感覚で確認することで保たれる。例えば，自分の手で机を強くたたけば，机と手が接触するのが目に見えるし（視覚フィードバック），当たった瞬間に音がするし（聴覚フィードバック），痛みを

図 2.8 Lind et al. (2014) の実験 → カラー図は口絵 1

感じる（触覚フィードバック）。もしこれらの感覚フィードバック
がなければ，自身の行為であるという感覚は希薄になるだろう。ま
た，感覚フィードバックが自己主体感を後付けで強めたり弱めた
りする側面もある。Lind et al. (2014) は，色の名前と文字のフォ
ントの色が食い違う実験状況を設定して，興味深い実験をおこなっ
ている（図 2.8）。この実験では，参加者は単語の意味を無視して，
文字のフォントの色を読み上げるように教示される（ストループ課
題）。緑色のフォントで "red" という単語が画面に呈示されたとき
は，実験参加者は "green" と発話するのが正解である。ある試行
では灰色のフォントで "green" と呈示され，実験参加者は "gray"
と発話する。このとき，ヘッドホンから "green" と読み上げる声

（事前に別の試行で発話したときの音声を録音してあったものを呈示する）をフィードバックする。ヘッドホンからはノイズも聞こえており，自分自身の発話は耳には聞こえないようになっている。その後，「あなたは何と言いましたか？」と尋ねられると，実験参加者は自分が "green" と言ったと答えてしまう。つまり，自己の発話内容とその聴覚フィードバックの内容が多少ずれていても，自己の発話として受け入れられるのである。これは，時間や空間が多少ずれていても自己主体感が喪失しないのと同じである。

　また，感覚フィードバックがポジティブなものか，ネガティブなものかによっても自己主体感は変化し，フィードバックがポジティブな場合は自己主体感が高まり，ネガティブな場合には低下する。Yoshie and Haggard (2013) は，インテンショナル・バインディング課題を用いて，キーを押した後にポジティブな声が聞こえる条件とネガティブな声が聞こえる条件の間で，インテンショナル・バインディングの大きさを比較した。実験の結果，声がポジティブな条件ではネガティブな条件よりもインテンショナル・バインディングが大きくなった。これは言い換えれば，行為の結果として良いことがあれば「自分のおかげ」と感じ，悪いことがあれば「自分のせいではない」と感じるということである。社会心理学でよく知られた認知バイアスとして，自己奉仕バイアス（self-serving bias）がある。これは，成功したときは自分自身の能力（内的要因）に帰属し，失敗したときは自分ではどうしようもない外的要因に帰属するバイアスを指す。Yoshie らの結果は，自己奉仕バイアスのような高次の判断以前に，低次の感覚運動レベルにおいても類似した現象が生じていることを示唆しており，興味深い。

　これらの研究からは，自己感と自己の身体ないし行為の対応関係は必ずしも明確ではないことがわかる。例えば，離人症と呼ばれる精神疾患の患者は，自己の身体が自分のものであると感じないとい

う症状を訴える。一方で，ラバーハンド錯覚や透明人間の例は，自己の身体でないものが自分のものであると感じることもありうることを示している。つまり，自己の身体と身体所有感は必ずしも1対1で対応しない。

　同様に，統合失調症の患者は自己の行為が自分の運動であると感じられないという症状を訴える。一方で，Lind らの実験で示されたように，自己の運動（の結果）でないものが自分の運動（の結果）であると感じられることもある。つまり，自己の行為と自己主体感も必ずしも1対1で対応しないのだ。

　本節でみてきたように，「私」という感覚さえも多感覚統合によってもたらされる。他者の顔と声から言葉や感情を知覚することが他者とのコミュニケーションであるとするなら，自己の身体に関する五感の情報を知覚することは自己とのコミュニケーションであるともいえる。こうした多感覚知覚に根差した自己の知覚も，マルチセンソリー・ヒューマンの一例であるといえるだろう。

第3章 多感覚コミュニケーション

3.1 コミュニケーションの多感覚性

　人間の個体間でのコミュニケーションにおいて，私たちはさまざまな運動器官などを用いて情報を発信し，さまざまな感覚器官を通して情報を受容している。伝達される情報は言語情報と非言語情報に大別され，知識，思考，感情（情動），意図などが含まれる。また，伝達手段は音声（話し言葉），表情，ジェスチャーなど多岐にわたる。伝達手段に着目したとき，音声は主に聴覚から，そして表情やジェスチャーは主に視覚からというように，異なった感覚器官から受容される。しかし，実際には音声の理解には，視覚から入力される口の動きの情報も用いられるし，相手の感情を推測する際には表情やジェスチャーなどの視覚情報以外の感覚情報も利用される。このように，コミュニケーションは多感覚情報を巧みに用いることによって実現されている。

　人間のコミュニケーションに関する認知研究では，文字や音声などを通して伝えられる言語情報と，顔の表情，声の調子，ジェスチャーなど多数のチャンネルを通して伝えられる非言語情報が研究の対象とされてきた。その後，複数情報を統合した多感覚コミュニケーションについても研究が進められるようになった。

　人間同士のコミュニケーションのなかで，顔と声は中心的な役割を果たしている。顔は性別，年齢，個人などを見分ける重要な手が

かりである。また，顔は「心の窓」といわれるように，顔の表情には個人の感情が如実に表れる。声は言葉を伝える重要なメディアであるとともに，顔と同様に感情を伝えるメディアでもある。顔と声はそれぞれ，発話の理解，感情の知覚，人物の同定などの知覚・認知活動と密接に関わっている。にもかかわらず，言語に関するこれまでの研究は，音声言語理解，つまり発話された音韻情報の知覚とそれをもとに言語理解をおこなうプロセスの研究に偏っていた。対照的に，感情の知覚についての研究の多くは，顔の表情認知に関するものであり，声による感情知覚の研究は，顔の表情認知研究と比べると非常に少ないのが現状である。

　また，伝統的な知覚研究全体がそうであるように，顔と声の研究はそれぞれ視覚と聴覚という感覚モダリティごとに進められてきた。しかし，現実場面での知覚は単一感覚モダリティごとにおこなわれているわけではなく，このことはコミュニケーションについてもあてはまる。つまり，話し言葉を聞き取る際には，音声だけではなく口の動きの情報も利用しているし，話し相手の感情を知覚する際には，顔の表情のみならず，声のパラ言語情報も利用している。こうした場面では，視覚から得られる情報と，聴覚から得られる情報は単に加算的に機能しているわけではなく，複雑に絡み合っている。

　このようなコミュニケーション場面での多感覚相互作用の特性が，手堅い心理学実験や脳機能計測を通して，少しずつ解き明かされつつある。以下では，視聴覚音声知覚と視聴覚感情知覚を中心に，それぞれにおける視聴覚相互作用について見ていきたい。

3.2　視聴覚音声知覚

　第1章で，「今日は眼鏡を忘れたからよく聞こえないよ」という話を紹介した。ほかにも，野球の試合でキャッチャーがピッチャ

ーと話をするとき，グラブで口元を隠しているのを見たことがある人もいるだろう。これらのエピソードは，私たちは意識せずとも話し相手の口元から視覚情報を受け取り，音声の聞き取りに利用していることを示している。これは視聴覚音声知覚 (audiovisual speech perception) と呼ばれており，1950 年代から研究が進められてきた。口の動きを視覚的に読み取っているときに，音の処理をつかさどる脳部位（聴覚野）が活動することからも示されるように，視聴覚音声知覚は多感覚知覚のひとつとして位置づけられる。

　視聴覚音声知覚は，大きく分けて二種類の実験状況で研究が進められてきた（積山，2011）。一つは，音声と口の動きが一致した通常の状況での検討，もう一つは音声と口の動きを矛盾させた人工的状況での検討である。それぞれ，読唇 (lipreading) とマガーク効果 (McGurk effect) として知られている。

3.2.1　読唇

　話し声の聴覚情報と一致した口の動きの視覚情報を呈示すると，音声を聴覚のみで呈示した場合と比べて正答率が上昇し，反応時間が短縮する。このように，読唇には聞き取りを促進する効果があることが，単語 (Auer, 2009; Tanaka, Sakamoto, Tsumura, & Suzuki, 2009) および文 (Grant, Walden, & Seitz, 1998) の各レベルで報告されている。聴覚によって得られる情報が限定されてしまう補聴器 (Erber, 1975) や人工内耳 (Zatorre, 2001) の装用者にとって，日常生活で視覚情報によって音声知覚が促進される場面は非常に多い。

　一方で，健聴者では意識的に視覚情報を用いる場面は少ないように感じられるかもしれない。しかし，音声にノイズを重ね合わせた状況で実験すると，視覚情報による促進効果が顕著に確認できる。促進効果は，ノイズの比率を高めれば高めるほど大きくなる

(Sumby & Pollack, 1954)。このことは，日常生活でも地下鉄の車内や人混みの中などの騒音下では，相手の口の動きから得られる視覚情報が音声の了解度の向上に大きく貢献していることを示唆している。また，騒音下だけではなく，静かな場所でも視覚情報が加わると反応時間が短くなる。つまり，十分聞こえると思える状況でも，じつはスピーディーな処理には視覚情報が一役買っているのだ。

　こうした読唇効果について最初に実験的に検討したのは，Sumby and Pollack (1954) である。Sumby らの実験では，話者の音声（単語を発話した音声）とノイズを重ね合わせて，実験参加者に聞かせた。音声とノイズの比率を −30 dB（ノイズが圧倒的に大きい状況）から無限大（ノイズが限りなく小さい状況）の間で操作した。実験の結果，聴覚のみ呈示の場合，0 dB（音声とノイズが同じ音圧）より音声が小さくなると，急激に単語の正答率が低下した。一方で，話者の映像も呈示する視聴覚条件では，ノイズの比率が上昇しても正答率の低下は緩やかであった。また，話者の映像が加わることによる正答率の上昇は，とりわけノイズが大きなときに顕著であった。

3.2.2　マガーク効果に関する知見

　上記の例とは対照的に，音声と不一致な口の動きの映像を見ると音声の聞こえが変化することがある。この現象が，第1章で紹介したマガーク効果である。例えば「バ」という音声と同期させて「ガ」という口の動きの映像を呈示すると，両者が融合してそのどちらでもない「ダ」と知覚される（融合反応と呼ばれる）。読唇は視覚と聴覚が一致することで知覚が促進される例だが，マガーク効果は，視覚と聴覚が不一致であることで知覚が変容する例であると位置づけることができるだろう。

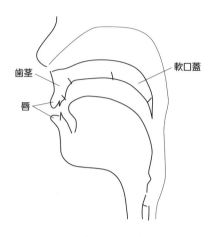

図 3.1　調音器官

　この現象を最初に発見した McGurk and MacDonald (1976) の実験では，「バ」という音声と同期させて「ガ」という口の動きの映像を呈示すると，成人参加者では 98％のケースで「ダ」という反応が得られた。では，なぜ「バ」という音声と「ガ」という口の動きが組み合わさると，「タ」でも「ナ」でもなく「ダ」と知覚されるのだろうか。

　音が作り出される調音位置に着目すると，/b/は唇，/d/は歯茎，/g/は軟口蓋となっている（図 3.1）。場所的には，/b/, /d/, /g/の順に口の奥に移動しているといえる。この調音位置によって，フォルマントと呼ばれる音響的特徴が変化する。具体的には，第二フォルマントの時間的遷移パターンが変化しており，/ba/では低い周波数から上昇し，/da/はほぼフラット，/ga/は高い周波数から下降するというパターンになっている。簡単に言えば，音響的特徴は「バ」と「ダ」は近く，「ダ」と「ガ」も近いが，「バ」と「ガ」は遠いということになる。なお，「バ」「ダ」「ガ」は調音位置以外の

特徴（子音が有声音であり破裂音であることや，母音が/a/であることなど）はすべて共通している。

　次に視覚的特徴に着目すると，「バ」は唇音と呼ばれ，唇を閉じた状態から開けるという動作が特徴的であり，これは他者からも見ることができる。一方，「ダ」「ガ」にはそのような動作はなく，どちらも口を開いたまま発話されるため，他者から見る限りではあまり大きな違いは読み取れない。したがって，視覚的には「ダ」と「ガ」は近く，「バ」はどちらとも遠いということになる。

　以上のことを踏まえると，なぜ「バ」という音声と「ガ」という口の動きが組み合わさると，「タ」でも「ナ」でもなく「ダ」と知覚されるかというと，「ダ」は他と比べて「バ」という音声とも「ガ」という口の動きともそれなりに類似した特徴をもつためであると考えることができる。私たちはこうしたことを日常的には意識しないが，音声を知覚するときには意識せずともこうした情報を利用していると考えられる。この例では，視覚情報によって音の知覚が変化している点で視覚優位の統合だといえる。調音位置は空間情報であるため，聴覚より視覚優位であることも納得がいく。

　なお，音声と映像の子音が逆転した組み合わせ（例：音声「ガ」＋映像「バ」）では，融合反応は生じず，「バ」と知覚されるか，あるいは/bga/などの形で複数の子音が知覚されることがある（結合反応と呼ばれる）。逆転しても「ダ」と知覚されてもよさそうにも感じられるが，なぜそうならないのだろうか。これは第2章で紹介した，より信頼性の高い情報が優先されるという法則に従っていると考えればよいだろう。つまり，音声「ガ」＋映像「バ」の場合，唇を閉じる動きという圧倒的に信頼性の高い情報（この口の動きは唇音であり，子音は/b/,/p/,/m/のいずれかに絞られる）がある。視覚と聴覚のどちらとも矛盾しない子音がなく，融合ペアのような解釈は成り立たないため，/b/の知覚は揺らぐことがなく，

/g/ の音と融合されずに，両者の特徴がそのまま知覚されたという解釈ができるだろう。

　マガーク効果は，「バ」「ダ」「ガ」に限定される効果ではない。上記の例以外にも，無声子音（音声「パ」＋映像「カ」→知覚「タ」）でも同様に融合反応が生じる。ほかにも，音声「バ」＋映像「ダ」→知覚「ダ」，あるいは音声「マ」＋映像「ナ」→知覚「ナ」といったように，映像の子音に引きずられるタイプの組み合わせも存在する。また，非常に頑健な現象であり，顔と声が性別の異なる話者である場合にも生じる (Green, Kuhl, Meltzoff, & Stevens, 1991)。つまり，口の動きと声が同じ話者によるものではないとわかっていても生じるのである。映像と音声の時間的同期も重要だが，厳密な同期は必要ではない。研究や用いた音節によっても異なるが，おおむね映像より音声が遅れる場合は 200 ミリ秒程度まで，音声が先行する場合は 50 ミリ秒程度までであれば，同期している場合とあまり変わらない程度の効果が生じる (Munhall, Gribble, Sacco, & Ward, 1996; van Wassenhove, Grant, & Poeppel, 2007)。

3.2.3　声であることの意識は必要か
　　　――サインウェーブスピーチとマガーク効果

　読唇やマガーク効果の研究は視聴覚音声知覚の研究として括られて，音声ではない刺激，例えば第 2 章で紹介した研究のように，フラッシュ光とビープ音のようなシンプルな刺激（非音声刺激）を用いた研究とは区別されることが多い。しかし，もし両者の視聴覚統合メカニズムが共通なのであれば，分けて研究するのはナンセンスだといえなくもない。では，実際のところ音声と非音声の視聴覚統合メカニズムは独立なのだろうか。それとも共通しているのだろうか。この問題に迫るときに大きな問題となるのが，音声と非音声

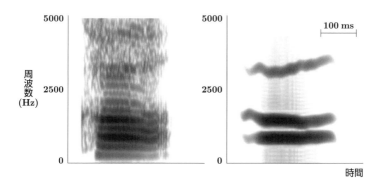

図 3.2　通常の音声（左図）とサインウェーブスピーチ（右図）のスペクトログラム
　　　　（Asakawa et al., 2011）

の刺激特性の違いである。そもそも音声条件と非音声条件で異なっ
た刺激を呈示すれば，条件間で異なる結果が得られたとしても，両
者がもつさまざまな刺激特性の違い（例えば周波数成分やその時間
変化の違いなど）によって説明されてしまい，問題はすっきりとは
解決しない。

　こうした問題にアプローチするのに適した実験刺激のひとつが，
サインウェーブスピーチ（sine wave speech，以下 SWS）と呼ばれ
る音刺激である（図 3.2）。音声にはさまざまな周波数成分が含ま
れ，時々刻々と変化している。そのなかでも，とりわけ子音と母音
の知覚に重要な役割を果たすのが，声道の共鳴によって増幅された
フォルマント周波数と呼ばれる成分である。SWS は，音声のフォ
ルマント周波数の時間的遷移だけを取り出して，周波数の変調する
純音として再合成した音である。聴取者に何も告げずに SWS を呈
示すると，多くの場合は鳥のさえずり，口笛，あるいはコンピュー
タの音などとして知覚される。しかし，それが人間の音声であると
告げると，音声として聞こえるようになる（Remez, Rubin, Pisoni,
& Carrell, 1981）。つまり，音声であると期待して聞く（音声モー

ド）場合と，そうでない場合（非音声モード）では，異なった知覚
が生じ，前者では音声に特有の処理がおこなわれるのである。これ
は，顔の認知が他の物体の認知とは異なり，顔に特有の処理がおこ
なわれることと類似している。

　脳機能イメージングの研究からは，音声モードでは非音声モード
と比べて，左上側頭溝の活動が高まることが示されている (Möttö-
nen et al., 2006)。左上側頭溝は声領域 (temporal voice area) とも
呼ばれる。つまり，音声モードに切り替わると，声専用の脳領域が
処理をつかさどっているようだ。この SWS 聴取における音声モー
ドの存在は，音声がその他の音全般とは異なるメカニズムで処理さ
れていることを示す証拠だと考えられてきた。

　そこで，もし SWS を視聴覚統合の研究に用いることができれ
ば，音声と非音声の刺激特性を完全に同一に保ったうえで，両者の
視聴覚統合の違いを探ることができる。Tuomainen et al. (2005)
は，/onso/と/omso/という音節を用いて，発話をそのまま再生し
た音声（自然音声）とその SWS バージョンを実験参加者に呈示し
た。実験参加者がテストの前に SWS を音声であると教示され，訓
練を受けた場合，多くの試行でマガーク効果が生じた。つまり，聴
覚のみ呈示と比べて，視聴覚で矛盾する刺激を呈示したときに回答
が変化した。

　一方，SWS が音声であると告げずに，単に「音 1」と「音 2」と
して分類するように訓練された場合，視聴覚で矛盾する刺激を呈示
したときには回答がほとんど変化しなかった。つまり，SWS を音
声として認識するかどうかによって，視聴覚統合が生じるか否かが
変化したのである。この結果は，音声の視聴覚統合が生じるために
は，聴覚情報が声であることを意識する必要があることを示してい
る。

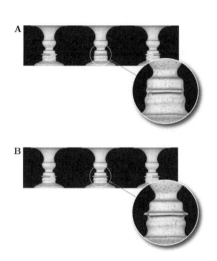

図 3.3　ルビンの壺と発話映像の多義的刺激
(Munhall et al., 2009)

3.2.4　顔であることの意識は必要か
　　　──ルビンの壺とマガーク効果

　Tuomainen らの研究は，知覚的な構えによって音声に特有の視聴覚統合が生じるか否かが変わることを示した重要な研究である。同様に主観的な知覚内容が視聴覚統合に影響を与えることを示した研究として，Munhall et al. (2009) のユニークな実験がある。Munhall らの実験では，「ルビンの壺」の映像と「アガ」という音声が実験参加者に呈示された。「ルビンの壺」は多義的な図形であり，知覚的な構えによって，顔と顔が向き合っている絵のようにも見えるし，壺のようにも見える図形である（図 3.3）。ただし，同時に 2 つの物体を知覚することはなく，一方が知覚されると，他方の知覚は消失する。この点で SWS と類似しているといえる。この実験で呈示された壺には面白い工夫がなされており，壺が回転す

ると，壺の左右にある顔にも変化が生じ，あたかも「アバ」といっているかのように口元が動くようになっていた。実験参加者は，この刺激を呈示された後に，聞こえた音声がなんと言っていたかを回答した。実験の結果，視覚情報を壺だと知覚した場合，マガーク効果はわずか9％のケースにしか生じなかった。しかし，視覚情報を顔だと知覚した場合，66％のケースでマガーク効果が生じたのである。この結果は，音声の視聴覚統合が生じるためには，視覚情報が顔であることを意識する必要があることを示している。

3.2.5　意識と注意の必要性

Tuomainen らの研究は聴覚情報が声であることを意識することが音声の視聴覚統合に影響することを示したのに対し，Munhall らの研究は視覚情報が顔であることを意識することの影響を示したととらえれば，両研究は整合的かつ相補的な関係にあると位置づけることができる。つまり，どうやら視覚情報と聴覚情報の両方が音声であると意識されることが，音声に特有の視聴覚統合を生じさせる要件である可能性がありそうだ。

意識と同様に，注意が音声の視聴覚統合に影響することを示した研究もある。Tiippana et al. (2004) と Alsius et al. (2005) は，課題負荷の高いときには，マガーク効果の生起率が低下することを示した。これらの結果は，視聴覚統合は自動的かつ強制的に生じるという従来支配的だった考え方に疑問を呈する結果である。

3.2.6　「読唇術」は可能か

ここまで，実験室における「読唇」についての研究を紹介してきた。こういう研究をしていると，しばしば「読唇術」について尋ねられることがある。たしかに，映画ではスパイが読唇術を使って，相手の声が聞こえなくても何を言っているのかを口の動きから読み取っている場面を見かけることがある。こんなことは本当にできる

のだろうか。

　読唇術は読話とも呼ばれる。ろう学校では口話法と手話法のどちらを教育すべきかという議論があるが，口話法，つまり音声コミュニケーションで会話することを採用する場合，聞き取りの不十分さを読話で補うことになる。

　しかし，口の動きのみから読話することはじつに難しい。例えば「タ」「ダ」「ナ」は口の動きが同じである（自分でつぶやいてみればわかるだろう）。したがって，一文字分だけ口の動きを見せられても，3つとも母音が「ア」だということはわかっても，子音を見極めるのはほぼ不可能であろう。「タ」と「マ」のように口の動きが異なる子音もあるが，あまり多くはない。しかし幸いなことに，私たちは一文字だけの言葉を発する機会はあまりない。普通は単語か，それより大きな単位の言葉を会話の文脈の中で発している。単語になると，「煙草」「ナマコ」「卵」のように，まったく同じ口の動きをする単語（同口形異音語）は減ってくる。さらに，同口形異音語も，話の文脈を踏まえれば正しく認識できる可能性はぐっと高まる。これは話し言葉に同音異義語が含まれる場合でも正しく認識できるのと同じであろう。例えば，「子どもがコウエンに行った」と言われれば，普通は「講演」ではなく「公園」だと推測することができる。

　読話の訓練では，部分部分の口の形を意識化することと，前後の意味や話の流れをうまく利用することの二点を中心に鍛えるそうである。声なしで口の動きだけで読話をおこなうことは，確かに最初は困難であろう。でも，実はだれもが日常的に視聴覚音声知覚をしているのだから，訓練によってある程度までは能力を向上させることができるようだ。

3.3　感情の多感覚コミュニケーション

　前節では，言語情報の多感覚コミュニケーションである視聴覚音声知覚に関する研究を紹介してきた。コミュニケーションでは，言語情報に加えて非言語情報が伝えられる。そこで，本節では非言語情報の一つである感情の多感覚コミュニケーションに関する研究を紹介したい。

3.3.1　非言語情報による感情のコミュニケーション

　他者の感情や気持ちを理解することは，円滑な社会的関係を維持するうえで不可欠といえる。対人コミュニケーション場面においては，個人と個人の間でさまざまなチャンネルを通じてメッセージが伝えられている。伝達されるメッセージは，言語情報と非言語情報に大別することができる。非言語情報は，顔の表情，視線，音声のパラ言語情報（声の高さ，大きさ，速さ，間合いなど），ジェスチャー（しぐさ，姿勢など）に始まり，外見的特徴（身体の大きさ，体型，肌の色，服装，化粧など），身体接触，対人距離などに至るまで多種多様であり，送り手の感情，意図，態度などを伝えている。これらの情報が送り手によって同時並列的に複数のチャンネルを通じて伝えられ，受け手によって統合的に解読されることで，言語情報のみならず，感情などの非言語情報をも含めたコミュニケーションが実現されている。

　感情は，対面コミュニケーションでは言外のニュアンス，つまり非言語情報として伝えることが可能だが，電子メールなどの言語メディアでは非言語情報は活用しにくい。したがって，相手が「いいですよ」などと返事をしたとしても，実際のところ快諾されたのか，渋々受け入れられたのかは，表面的な言語内容だけからでは判断が難しい。それに比べて非言語情報は，その種類にもよるが，言語情報と比べて意図的な抑制や偽装が困難と感じることも多い。そ

こで，多くの場面で聞き手は，さまざまな非言語情報を頼りに，相手の「真意」を判断しようと試みる。

　人間は，さまざまな感覚モダリティから他者の感情を知覚している。視覚情報としては顔の表情と身体表現，聴覚情報としては音声のパラ言語情報（基本周波数とそのレンジ，発話速度，声質，間合いなど）が代表的であろう。触覚によっても感情が伝わるとの報告もある (Hertenstein, Keltner, App, Bulleit, & Jaskolka, 2006)。

　私たちが相手の感情を知覚するとき，もっともよく用いられる非言語情報は顔の表情であろう。感情知覚研究の数を見ても，Darwin らの時代に始まり (Ekman, 1973)，現在に至るまで膨大な蓄積のある顔の表情認知に関する研究が圧倒的に多い。近年はジェスチャーからの感情知覚に関する研究も増えてきており（レビューとして de Gelder, 2009），顔表情認知との比較も用いて，理論化が進められている (de Gelder, 2006)。声による感情知覚の研究もかなりの数に上るが（レビューとして Sherer, 2003），顔の表情認知の研究と比べるとだいぶ少ない。

　以下では，非言語情報による感情コミュニケーションにおける多感覚性，とりわけ顔と声から得られる情報の相互作用に着目して，これまでの研究の数々を概観する。

3.3.2　視聴覚感情知覚

　顔の表情から得られる視覚情報と声から得られる聴覚情報は，感情の知覚プロセスにおいてどのように相互作用しているのだろうか。この問題に取り組んだ初期の研究として，de Gelder and Vroomen (2000) と Massaro (1996) を挙げることができる。

　de Gelder and Vroomen (2000) は，クロスモーダル・バイアスと呼ばれる手法を用いて，顔の表情は喜びを表現しているけれど，声のトーンは悲しみを表現しているといった状況を人工的に作り出

し，感情知覚における表情と音声の相互作用を検討した。

　少し話がそれるが，実験心理学者は矛盾する情報を呈示したときの実験参加者の反応を見るというタイプの実験が大好きだ。古くはストループ効果の実験に遡る。赤いインクで「あお」と書かれた文字を見て，色を読み上げるとき（「あか」と言うのが正解），赤いインクで「あか」と書かれた文字よりも間違えやすく，反応時間も長くなるという実験である (Stroop, 1935)。2 つの情報のうち 1 つに注意を向けて，他方を無視するように教示しても，どうしても無視することができず，影響を受けてしまう。このような手法によって，人間の認知処理の自動性を検討することができる。逆の課題（色を無視して文字を読み上げる）は比較的容易であり，色より文字を読み上げる処理のほうが自動化されていることがわかる。こうした手法は研究領域を超えて広く利用されている。

　de Gelder and Vroomen (2000) のクロスモーダル・バイアスも，この手法を顔と声の矛盾に適用した拡張版といえる。de Gelder らの実験では，表情と音声の感情価（表現された感情がポジティブかネガティブか）が一致する条件と一致しない条件を設けた。つまり，顔の表情は喜びを表現しているけれど，声のトーンは悲しみを表現しているというような状況を人工的に作り出して実験をおこなっている。

　実験 1 では喜びの表情と悲しみの表情の写真をモーフィングして，喜びから悲しみまで 11 段階の連続体を作成した。つまり，「明確に喜び」の顔画像から始まり，「喜びか悲しみか曖昧」な顔画像を経て，「明確に悲しみ」の顔画像にいたるまで 11 種類の顔画像を作成したわけである。顔画像のみを呈示する条件に加えて，画像と同時に，喜びまたは悲しみを表現した音声を呈示する条件が設けられた。実験参加者は顔の表情を見つつ，音声を聞いたうえで，この人物が喜んでいるのか悲しんでいるのかを判断し，二肢強制選択

で回答するように求められた。実験の結果，顔画像のみが呈示されて音声が呈示されない場合，表情が喜びから悲しみへとシフトするにつれて，「悲しみ」の回答率が上昇した。喜び顔は，ほぼ100％のケースで「喜び」と回答され，悲しみ顔は，ほぼ100％のケースで「悲しみ」と回答された。これは当然の結果であり，重要なのは顔の表情に加えて音声も呈示された場合の結果である。悲しみ音声を伴った場合，喜び表情であっても過半数のケースで「悲しみ」と回答された。逆に，喜び音声が伴う場合，悲しみ表情であっても「喜び」と回答する割合が高くなった。つまり，表情の判断は音声によるバイアスを受けることが示された。

実験1では表情と音声の情報を両方用いるように教示したが，実験2では実験参加者は音声を無視して，表情のみに基づいて回答するように求められた。その結果，無視するように教示されたにもかかわらず，表情の判断は（実験1よりは影響力が低下したものの）依然として音声による影響を受けた。つまり，表情と音声の知覚には半ば強制的な相互作用が存在することが示唆された。

さらに実験3では，顔ではなく声をモーフィングして，喜びから恐怖まで11段階の連続体を作成し，実験2とは逆に，声の感情について回答し，顔（喜びまたは恐怖）は判断の際に考慮しないように教示した。その結果，声による感情知覚も顔の表情による影響を受けることが示された。これらの実験結果は，顔から声，そして声から顔の双方向で，感情知覚において視聴覚相互作用が頑健に生じることを示しているといえる。

Vroomen, Driver, and de Gelder (2001) は，二重課題状況下，つまり他の課題と並行して（注意を集中できない状況で）感情判断をおこなう実験を実施し，感情の視聴覚統合は注意による影響を受けず，自動的に生じることを示唆する結果を報告している。さらに，de Gelder, Pourtois, and Weiskrantz (2002) は，一次視覚野

に損傷があり，意識のうえでは顔が見えていない患者を対象に同様の実験をおこない，意識のうえでは顔が見えていない場合であっても，顔の無意識的知覚が声の感情認知に対して影響することを報告している。これらの結果からは，視聴覚感情知覚が注意や意識によらずに生じることが示唆される。

　同様の実験パラダイムを用いた研究は，健常者（Collignon et al., 2008; 中野・伊藤, 2008; 渡辺・望月, 2004），高不安者（Koizumi, Tanaka, Imai, Hiramatsu, Hiramoto, Sato, & de Gelder, 2011），知的障害者（向後・望月・越川, 2003），統合失調症患者 (de Gelder et al., 2005; de Jong, Hodiamont, van den Stock, & de Gelder, 2009) などを対象におこなわれており，いずれの研究においても，顔と声による感情知覚には相互作用があることが報告されている。

　Koizumi et al. (2011) は，顔と声による感情知覚が実験参加者の不安傾向の高低によって異なることを示した。不安傾向の個人差は STAI (状態・特性不安検査，State-Trait Anxiety Inventory) によって測定し，特性不安（不安を感じやすい個人特性）の高低によって群分けした。実験では顔（喜び・怒り）と声（喜び・怒り）の表す感情が一致した動画，または一致しない動画を呈示した（刺激は第 4 章の図 4.4 を参照）。顔注意課題（顔の表す感情を回答する）と声注意課題（声の表す感情を回答する）を設定し，どちらも人物の感情について二肢強制選択で回答させた。実験の結果，高不安群は不一致条件で無視すべき怒り刺激による影響を強く受けること，そしてこのパターンは怒り刺激が顔であれ声であれ同様であることが明らかとなった。細かく分析すると，低不安群は顔に着目するとき，怒り声より喜び声の影響を強く受けること（図 3.4a），逆に高不安群は声に着目するとき，喜び顔より怒り顔の影響を強く受けることがわかった（図 3.4b）。顔＋声ではなく，顔のみ，声のみを呈示した実験では群間に違いが見られなかったことから，こうした不

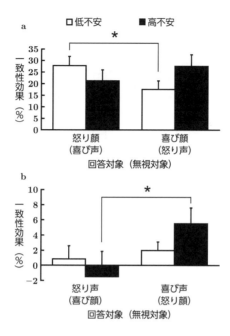

図 3.4　Koizumi et al. (2011) の結果

安傾向による結果の違いは，感情の視聴覚統合パターンの違いだと
考えることができる。

3.3.3　注意による違い，感情による違い

　先行研究では，限定された感情の種類を用いていたが，その後
の筆者らの研究から，基本 6 感情のすべての組み合わせにおいて
視聴覚相互作用が生じることが明らかにされている (Takagi, Hira-
matsu, Tabei, & Tanaka, 2015)。

　この研究では，視聴覚相互作用が感情によってどう異なるか，そ
して顔と声のどちらに注意を向けるかによってどう異なるかを検
討している。実験に先立って，顔 6 感情 × 声 6 感情の組み合わせ

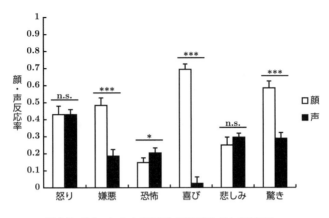

図 3.5 Takagi et al. (2015) の教示なしのときの結果

で計 36 通りの組み合わせを作成した。発話者による違いを相殺したいので、4 名の発話者による動画を用いた。また、セリフによる違いも相殺したいので、2 種類のセリフを用いた。したがって、実験では 36 パターン × 4 名 × 2 セリフ ＝ 288 の視聴覚刺激セットを用いた。そしてこの刺激セットを用いて、とくにどこに注意を向けると教示しないセッション（以下 NI：no instruction）、顔について判断するよう教示するセッション（以下 VI：visual instruction）、そして声について判断するよう教示するセッション（以下 AI：auditory instruction）の計 3 セッションを実施した。加えて、顔（視覚）のみ、声（聴覚）のみの刺激も用意し、192 試行を実施した。なかなか（主に実験参加者が）大変な実験である。実験データの集計と分析も、研究室のメンバーが膨大な時間をかけて進めた。

そして実験の結果であるが、まず NI セッションの結果を図 3.5 に示す。少し見方が複雑なので説明すると、白いバーは動画の顔がその感情で、声がそれ以外の感情（他の 5 感情）であるとき、顔

の表す感情を回答した割合を示している。例えば，喜びの白バーが高いのが目立つ（回答率70%弱）が，これは顔が喜びで声がそれ以外の組み合わせの動画を呈示されたとき，「喜び」と回答した割合が70%弱にも上るということである。同様に，黒いバーは動画の声がその感情で，顔がそれ以外の感情であるとき，声の感情を回答した割合を示している。例えば，喜びの黒バーはとても短い（回答率3%程度）が，これは声が喜びで顔がそれ以外の組み合わせの動画を呈示されたとき，「喜び」と回答した割合がわずか3%程度であったということである。この結果からは，笑顔（喜び顔）はいかなるタイプのネガティブ声もかき消すほどの効果がある，ということができる。逆に，声だけポジティブであっても，顔がネガティブであると，ほとんどネガティブに受け取られてしまうといえる。このように，隣接する黒バーと白バーを比較することで，その感情が他の感情と組み合わさったときの優先度を，顔と声の間で比較することができる。喜び以外にも，嫌悪や驚きの顔は，同じ感情を表す声と比べて，視聴覚で競合した際の優先度が高いことがわかった。一方で，怒りや悲しみには顔と声に違いがなく，恐怖ではむしろ声の優先度が高いことがわかった。

続いて図3.6は，VIセッションとAIセッションの結果を示している。白バーはVIセッション，つまり顔の感情を回答するよう教示されたときの結果である。動画の顔がその感情で，声がそれ以外の感情（他の5感情）であるとき，顔の感情を回答した割合を示している。図3.5と同様に喜びの白バーが高いのが目立つ（回答率90%強）が，これは顔が喜びで声がそれ以外の組み合わせの動画を呈示されたとき，顔の表情について判断した結果，「喜び」と回答した割合が90%強であったということである。同様に，黒バーはAIセッション，つまり声の感情を回答するよう教示されたときの結果である。動画の声がその感情で，顔がそれ以外の感情である

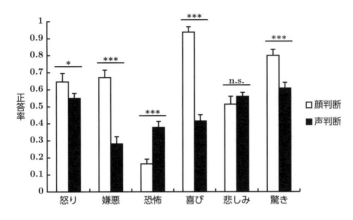

図 3.6　Takagi et al. (2015) の顔判断および声判断時の結果

とき，声の感情を回答した割合を示している。例えば，喜びの黒バーは回答率 40%弱であるが，これは声が喜びで顔がそれ以外の組み合わせの動画を呈示されたとき，声の感情を判断した結果，「喜び」と回答した割合が 40%弱であったということである。このように，隣接する黒バーと白バーを比較することで，その感情が他の感情と組み合わさったときの注意の向けやすさを，顔判断時と声判断時で比較することができる。

　図から，喜び・嫌悪・驚き・怒りの顔は，視聴覚で感情表現が競合した際に注意の向けやすさが高いことがわかる。一方で，悲しみには顔と声に違いがなく，恐怖ではむしろ声のほうが高いことがわかる。また，図 3.5 と比べるとわかるように，図 3.6 では全体的に回答率が高まっていることから，顔か声のどちらかに注意を向ければ，それなりにその感情の判断精度は高まることがわかる。

　結果が膨大で手短にまとめるのが難しいが，全体として，(1) 感情によって顔と声のどちらが優先されるかが異なっていること，(2) 顔か声のどちらかに注意を向ければそれなりにその感情の判

断精度は高まること，(3) ただし顔と声の相対的優先度は注意をどちらかに向けようとしてもおおむね保たれることが結論づけられるだろう。とくに (1) の知見は重要で，喜びと怒りなど特定の感情のみを取り上げた実験では見落としがちな点である。

3.3.4 「地味」な研究の重要性

前節で紹介した研究は自分でいうのも何だが，けっこう「地味」である。自分なりに「派手」だと思っている研究も別にあるが，この研究は地味だ。

まず，3 種類の課題 (NI, VI, AI) のそれぞれで，顔 6 感情×声 6 感情の計 36 条件を実施しており，条件数が非常に多い。これは地味というより地道ともいえる（無駄とはいいたくない）。一般に，実験条件は最低限にとどめるのがセオリーだろう。例えば「顔と声の相互作用がある」ことを示したければ，それぞれに 2 感情ずつ条件を設定し，顔と声の感情一致時と比べて不一致時には結果が異なることを示せばシンプルだ。しかし，研究で何が優先されるかは個人の価値観によっても異なるし，研究のフェーズによっても異なる。この研究を推進している時期は，とにかくすべての感情の組み合わせについて調べたかった。それによって，それまでの研究が一部の感情でしか見られない限定的な現象を扱っていたのか，それともさまざまな感情に一般化可能な現象であるのかがはっきりする。

また，従来検討されてこなかった感情の組み合わせの中には，視聴覚相互作用について異なった様相を示すものもあるかもしれない。こうした点についてトップダウンに予測を立てることは難しいが，パワーがある時期にはこういう研究スタイルもあってよいと思っている（ちなみに，いまはもうそのパワーはない）。

次に，この研究を推進するためには，さらに地味な仕事が不可欠であった。大規模な感情表現動画の作成と評価という作業である。

話が前後するが，筆者の学部時代の恩師である西本武彦先生は，線画刺激の標準化をライフワークとしていた。刺激の標準化というのは骨の折れる作業である。この長年にわたる一連の研究成果は，2005年にBehavioral Research Methods誌に掲載され (Nishimoto, Miyawaki, Ueda, Une, & Takahashi, 2005)，刺激データベースは世界中の研究者に無償で配布されている。このデータベースは実際に数多くの研究者に利用されており，引用件数は現在までに80件を超えていて，これからも増加し続けるだろう。筆者はこの仕事に関わってはいなかったが，学部生のころからその様子を眺めていたため，論文が掲載されたと聞いたときには身震いがした。なぜなら，実験心理学者にとって，刺激作成は命の次くらいに大切だからだ（ただし，このことは他の分野の研究者には理解されないことも多い）。そんな実験用刺激を他の研究者のために標準化することに専念して，それが結実したことに心を打たれた。時間をかけて刺激を作成するとつい独り占めしたくなることもあるが，時間をかけたからこそデータベースとしてしっかりと仕上げて，他の研究者とシェアすることで，学問領域としての大きな発展につなげたいと考えるようになったきっかけとなる出来事であった。

　さて，自分の話に戻ろう。人間が他者の顔の表情と音声のパラ言語情報に基づいて，どのように感情を読み取るのかを実験的に検討するためには，発話者がさまざまな感情を顔と声の両方を用いて表現した実験刺激が必要である。しかし，表情（主として静止画）と音声（感情の種類はまちまち）のそれぞれのデータベースは存在するものの，多感覚的な感情表現について基本6感情を網羅し，複数の文化で比較可能な形式のデータベースは存在しなかった。そこで，私は時間と手間をかけてでも顔と声による感情表現データベースを作成することにした。詳しくは第4章で述べるが，文化間比較研究を展開したかったので，同様の刺激作成を日本とオランダの

2か国でおこなった。

　作成する動画の数は膨大な量に上った。まず，話者による感情表現のバリエーションや表現の得手不得手を考慮に入れるためには，多数の話者の感情表現を収録して，そこから選定するというプロセスが必要だった。そこで，日蘭合計36名のモデルから協力を得た。先に紹介した研究では，そのなかで選りすぐりのモデルの感情表現だけが用いられている。また，セリフも結果に大きく影響するため，できるだけ中立的な（感情価をもたない）短めのセリフ（例：「これなに？」「そうなんですか？」など）を6種類用意した。表現する感情は基本6感情に中立感情（いずれの感情も表出されていない）を加えた計7感情とした。発話速度にもバリエーションをつけた。結果として，同じ発話者には同じフレーズに同じ感情を込めた発話を9回おこなうように依頼した。1人の発話者につき，7感情×6フレーズ×3発話速度×3繰り返し収録＝378発話サンプルを収録した結果，全体の動画ファイル数は10000本を超えた。収録した映像音声については，ラベリングおよび各種計測（音響特徴量と画像特徴量）をおこなったうえで，発話の切り出しをした。こうして作成した感情表現の動画について，日本人101名，オランダ人130名の参加者に協力を依頼し，大規模な評定実験を日蘭両国において実施した。そして，詳細なデータ解析をおこない，実験用データセットを作成した (Tanaka, Takagi, Hiramatsu, Huis In 't Veld, & de Gelder, 2015)。

　上で紹介した研究では，さらにこの動画セットの中から顔と声の組み合わせを36種類ずつ作成したので，もはや作成した動画の数はいくつあったのかよくわからないほどである。

　その後，こうして出来上がった感情表現動画データベースは，私たちの研究室で数々の実験に利用している。データベースの論文化が完了していないので一刻も早く完了したいところである。すで

に個別のケースには対応しているが，論文が掲載されれば，世界中の幅広い研究者に活用してもらうことができる。そうなれば，結果として「自分ではやる時間がないけれど，誰かやってくれたらいいな」という実験も誰かがやってくれるかもしれない（という淡い期待を抱いている）。地味な仕事も，悪くない。

3.3.5　実験上の工夫

　ここで，こうした研究に関心をもたれた方々がご自身で動画を作成するときのために，従来の研究の方法論的な問題について指摘しておきたい。まず，従来の研究は顔の表情研究で頻繁に用いられる Ekman の表情刺激セットなどの静止画を用いて，静止画に音声を組み合わせて呈示する研究が多かった。しかし，視聴覚統合においては視覚刺激のもつ動的情報が重要な役割を果たすことが，腹話術効果の研究から示唆されている。腹話術効果は，口に動きが伴うときにより強く生じる (Thurlow & Jack, 1973)。腹話術効果と同様に，表情と音声の視聴覚統合も口の動きを伴う動画の観察時にはより強まる可能性がある。また，表情と音声の統合以前に，顔の表情認知そのものにおいても表情の動的情報が重要な役割を果たしている（藤村・鈴木, 2010; Kamachi, Bruce, Mukaida, Gyoba, Yoshikawa, & Akamatsu, 2001; Sato & Yoshikawa, 2004）。このように，表情の時空間的変化を含まない静止画を用いた研究結果は，動画を用いた研究結果とは異なった側面を反映している可能性もあるため，今後の研究では動画を積極的に用いることが重要となると考えられる。

　動画を用いる際に強調しておきたいのが，視覚情報と聴覚情報の時間的同期の重要性である。動画を用いた研究で不一致刺激を作成する際には，口の動きと発話に時間的非同期が生じることが避けられないが，この時間的非同期を可能な限り最小化すること，具体的

には非同期が知覚されない程度の範囲（音声先行 80 ミリ秒，音声遅れ 160 ミリ秒程度）に収めることが重要である（2.3.2 項参照）。実験参加者が時間的非同期を知覚できる場合，一致条件と不一致条件の間に得られた行動成績ないし脳活動の違いが，感情の不一致に起因するのか，単に視聴覚非同期に対する気づきに起因するのかの切り分けが困難になってしまうからである。

3.3.6 笑いながら怒る人は実在するか

データベースづくりをする過程では，いろいろと新しい発見もあった。前述の研究では，人工的に作成した不一致刺激を実験に使用していた。興味深いことに，顔と声が表出する感情が一見異なるというシチュエーションは，なにも実験室内の人工的刺激に限った話ではなく，日常的にも頻繁に起こっているようである。表情音声データベースに収録された全表現について，顔の表情のみ（無音で表情動画のみを呈示），音声のみ（表情動画なしで音声のみを呈示）の状況でどのような感情であるかの判断を求める実験をおこなった結果，表情と音声に対する回答のズレはわれわれの想像をはるかに上回っており，じつに 4 割弱のケース（基準を厳しくした場合でも約 1 割のケース）で表情に対する最頻回答と音声に対する最頻回答が異なっていた（髙木・田部井・Huis In 't Veld・de Gelder・田中，2013）。つまり，ある同一の感情表現について，表情と音声を独立して評定させると，表情に対する評定は「喜び」がもっとも多いのに，音声に対する評定は「悲しみ」がもっとも多いというように，表情と音声がそれぞれ異なった感情として知覚されることが多かったということである。

昔，俳優としても活躍する竹中直人さんの持ちネタに「笑いながら怒る人」というものがあった。今でも YouTube で観ることができるようだが，顔は笑顔のまま，激しく怒った声で「バカヤロ

ー！」と叫ぶという芸である。これははっきりと顔と声の感情の乖離に気づけるので笑いを誘うわけであるが，現実場面でも「笑いながら怒る人」はたくさんいるだろう。とくに，怒り声には hot anger と cold anger と呼ばれるタイプがあることが知られており，竹中直人さんのネタは hot anger なので気づきやすいが，静かな怒り (cold anger) が声に滲み出つつも，笑顔で取り繕っている人は案外そこら中にいる気がする。本当はそうした現実場面での感情表現を収集して実験したいのだが，まだ実現していない。

そういうことで，実験用の演技と現実場面での自然な感情表現には違いがある可能性があるが，いずれにせよ，送り手は意図せずして，表情と音声が異なった感情として受け手に知覚されるような表現を表出していることがあるようである。

第4章 多感覚コミュニケーションの文化間比較

　思考や対人関係などの高次の心的過程には，さまざまな文化差があることは私たちの「常識」ともいえる。一方で，視覚や聴覚，そして多感覚知覚といった知覚のあり方は世界中で共通だと考える人も少なくないだろう。文化の違いは，知覚という比較的低次の情報処理プロセスにまで影響するのだろうか。本章ではまず，視覚や聴覚が文化や言語によって異なることを示す事例をいくつか紹介する。続いて，顔と声からの感情知覚に着目し，感情情報の多感覚統合には明確な文化差があることを示した筆者自身の一連の研究を紹介する。

　また，感情情報の多感覚統合の文化差はどのように生み出されるのだろうか。感情の表出と知覚，文化心理学，言語学的要因など，さまざまな観点から解釈を試み，それぞれの説明可能性について吟味する。

4.1　知覚に文化差はあるか

4.1.1　文化と認知

　文化は思考や社会行動などの高次過程に深く影響するという信念は，比較的多くの人に共有されているように思われる。ここで，例を一つ紹介しよう。図 4.1 を見てほしい。下の花は上の A か B の

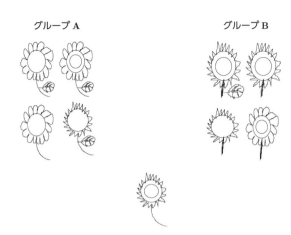

グループ A　　　　　　　　グループ B

図 4.1　Norenzayan et al. (2002) の実験で用いた図の例

どちらのグループに似ているだろうか。

　Norenzayan, Choi, and Nisbett (2002) は，ヨーロッパ系アメリカ人，アジア系アメリカ人，アジア人を対象に実験をおこなった。実験の結果，ヨーロッパ系アメリカ人では他の 2 群よりもグループ A という回答が多くなった。絵をよく見るとわかるが，グループ A の 4 つの花は茎の形が共通している。グループ B も同様に茎が共通している。したがって，分析的に判断すれば下の花はグループ A に分類されることになる。一方で，葉の有無，花弁の形，花の芯などはグループ内で共通していない。しかし，下の花の葉の有無，花弁の形，花の芯に着目すると，グループ B のほうが同じ特徴をもつ花が多い。したがって，全体的に判断すれば下の花はグループ B に似ている。つまり，この実験結果は，ヨーロッパ系アメリカ人は，アジア系アメリカ人やアジア人と比べて，分析的に判断する傾向が高いことを示唆しているといえるだろう。ほかにもさまざまな文化差が報告されているが，こうした思考の文化差を示す実験結果はいずれも，文化によって人間観や世界観が異なることに起

因していると考えられる。

ひとつ注意したいのは，ここで紹介した実験結果は，アジア文化圏の人々が分析的に思考するのが苦手ということを示しているのではない点である。「どちらに似ているか」ではなく「どちらに属しているか」と教示を変えると，アジア系の人々も分析的に判断するようになる。そもそも，この実験では「似ているか」を問うていたのだから，ヨーロッパ系アメリカ人のほうがむしろ「似ている」という判断がうまくできず，分析的思考に依存してしまっていたという見方もできるだろう。

4.1.2　文化と知覚

前項では，文化は思考に影響しうることを見てきた。思考や社会行動といった高次の認知過程は，知覚や注意といった低次の情報処理過程の上に成立している。私たちは目に見えた情報，耳から得た情報をもとに，意思決定や行動をおこなっている。では，文化は思考や社会行動より手前の低次の知覚プロセスに対しても影響を及ぼすのだろうか。

知覚は，生態環境によって形成される。同じ感覚器をもって生まれてきても，異なった生態環境で育てば，異なった知覚様式が獲得される。生態環境は文化の一種とみなすこともできるだろう。では，生態環境は知覚にどのように影響するのだろうか。

視覚の研究からは，とりわけ初期経験の重要性が示されている。赤ちゃんは生育初期に長期間，視覚刺激が与えられないと，視覚の働きに重大な障害を受ける。Blakemore and Cooper (1970) は，仔ネコを対象とした実験をおこなっている。Blakemore らの実験では，縦縞しか存在しない視覚環境で仔ネコを育てると，大脳皮質の一次視覚野の神経細胞のほとんどが，垂直に近い線のみに反応するようにチューニングされてしまい，水平や斜めの線に反応する細

胞がほとんどなくなることが示された。これは動物の例であり，かつ極端な環境を与えた場合の例ではある。その後の研究で，個体差や実験環境によって実験結果が変わることも報告されている。しかし，こうした研究を踏まえれば，異なる生態環境に住む人々の間では知覚のあり方も異なる可能性がある。

4.1.3 言語と知覚

言語も文化と同様，大きな環境要因の一つである。言語の違いは知覚や認知に影響を及ぼすのだろうか。文化は，その構成員に用いられている言語と深く結びついている。したがって，知覚や認知の「文化差」は本当に文化による違いなのか，それとも言語による違いなのかという問題はけっこう厄介である。

言語と思考が不可分かという議論は古くから存在し，サピアとウォーフによる考えは，言語相対性仮説として広く知られている。簡単に言えば，言語が違えば思考も異なるという考え方である。Whorf (1956) は，言語における語彙や文法がその言語の話者の習慣的思考を形成し，その結果として異なる言語の成員間には認知のあり方に違いが見られると主張している。ただし，文法構造が思考に影響を与えるとする知見 (Bloom, 1981) には批判も多く (Au, 1983; Takano, 1989)，言語相対性仮説そのものに疑問を呈する言語学者も多い (Chomsky, 1992; Pinker, 1994)。

現在では，言語と思考は 1 対 1 で対応するという「強い仮説」を支持する研究者はほとんどいないが，言語が思考に影響を及ぼすという「弱い仮説」を支持する結果は数多く報告されている。また，言語が思考よりも低次の知覚に及ぼす影響については，近年，言語が色のカテゴリ知覚に影響を及ぼすことを示す結果が報告されている。ロシア語では，青に相当する語彙が「薄い青」と「濃い青」の2 単語存在し，異なるカテゴリに分かれている。これに対して，英

語では，これらの２色は「ライトブルー」と「ダークブルー」のように形容詞をつけて区別しており，同じ「ブルー」というカテゴリに含まれる。Winawer et al.(2007) の研究では，ロシア語話者と英語話者を対象に，さまざまな青のグラデーションの識別をさせる実験を実施した。具体的には，最初に青い正方形が呈示され，続いて２種類のターゲット刺激（異なる色の青い正方形）が呈示された。参加者は，２種類のどちらが最初の色と同じかを判断した。実験の結果，ロシア語話者は２つのターゲット刺激が「薄い青」と「濃い青」である場合，どちらも「薄い青」（あるいは「濃い青」）である場合と比べてすばやく回答することができたが，英語話者ではそのような差は見られなかった。同様に，ギリシャ語には light blue と dark blue を表す別の単語 (ghalazio vs. ble) がある。ギリシャ語話者は，この２色を識別するときの脳波 (vMMN) が英語話者よりも大きいことが，脳波計測を併用した Thierry et al. (2009) によって報告されている。

　ただし，最近の研究からはこれらの研究を支持しない実験結果も報告されている。Yang et al. (2016) は，乳児と成人を対象として，２色に色が変化する際の脳活動を NIRS によって計測した。実験の結果，乳児でも成人でも「青」と「緑」のカテゴリをまたがる変化のときには，同じ「緑」のカテゴリ内の変化と比べて，視覚処理に関わる後頭葉領域で強い脳活動が生じていた。この実験結果は，言語獲得以前の乳児にすでに青と緑のカテゴリ知覚が存在することを示しており，カテゴリカルな色知覚に関わる脳内処理は言語システムとは独立であることが示唆される。このように，しばらく論争は続きそうである。

4.1.4　視覚の文化差
　第１章で紹介したミュラー・リアー錯視を覚えているだろうか。

図 4.2　建物の中には内向き矢羽や外向き矢羽の形が含まれている

じつはこの錯視の生じ方には文化差があるとの報告がある。Segall et al. (1963) によると，アフリカのズールー民族の人ではアメリカ人大学生と比べてミュラー・リアー錯視の量が小さかった。ミュラー・リアー錯視の生じる原因の説明には諸説あるが，グレゴリーの線遠近法説によれば，図 4.2 のように建物のなかには内向き矢羽や外向き矢羽の形が含まれており，私たちは日常的にこうした視覚刺激にさらされているために錯視が生じるのだと考えられる。以下，もう少し具体的に説明しよう。

　この図では内向き矢羽は部屋の中で手前のほうにある。外向き矢羽は奥のほうにある。この図に定規を当てて長さを測ると，手前の内向き矢羽の線のほうが長い。しかし，この家の天井の高さが手前では高くなっていて，奥のほうでは低くなっているとは感じないだろう。なぜなら手前にあるものは見かけ上，大きく見えて（網膜像としては大きく投影されて），奥にあるものは見かけ上，小さく見える（網膜像としては小さく投影される）ことを理解しているから

である。いま室内にいるなら，周りを見渡してみてほしい。おそらく数多くの内向き矢羽と外向き矢羽を見つけることができるだろう。こうした環境で生活するなかで，私たちは内向き矢羽は手前にあることが多いこと，外向き矢羽は奥にあることが多いことを学習する。内向き矢羽は短めに，外向き矢羽は長めに知覚するのが適切であるため，脳はこうした補正をかける。その結果，内向き矢羽は短く，外向き矢羽は長く見積もられるようになる。これがグレゴリーの線遠近法説による説明である。

　錯視の文化差は，ほかにもエビングハウス錯視を用いた研究（de Fockert et al., 2007）でも報告されている。こうした結果と解釈については議論があるが，錯視に文化差があるとするならば，ものの考え方という意味での「ものの見方」のみならず，まさに「ものの見え方」自体においても，文化による影響が及んでいることを示していると言えるだろう。

4.1.5　聴覚の文化差 (1)

　聴覚でも初期経験，とりわけ敏感期（ある種の刺激に対する感受性が強い時期）における感覚入力の重要性が，さまざまな形で示されている。ＲとＬを区別しない日本語環境下で育った子どもはＲとＬの識別が困難になる。絶対音感の獲得は3～6歳ごろに訓練を受けるかどうかでかなりの部分が決まってしまう。

　日常生活で，もっともよく耳にする聴覚刺激は話し言葉（とりわけ母語による発話）であろう。例えば日本語と英語を取り出して考えてみると，両者には子音や母音の種類のみならず，さまざまな音響的特徴（音の高低・大小・長短などの超分節的特徴）において違いがある。こうした音響的特徴の違う言語のシャワーを数十年にわたって浴び続ければ，母語が聴覚に与える影響は大きい可能性が考えられる。例えば外国語を習得するときには子音や母音の発音

と並んで，その言語特有のリズムを習得するのが難しいということをしばしば体験するだろう。興味深いことに，こうした言語のリズムの違いは，単純な音のリズムの取り方にも影響を及ぼすことが知られている。Iversen, Patel, and Ohguhi (2008) は，「ププーププーププー……」（短長短長短長……）と長い音と短い音が交互に続く音列を作成し，英語母語話者と日本語母語話者に聞かせた。どのように分節化するかを尋ねたところ，英語話者では89%が「短長」を選択したのに対し，日本語話者では「短長」を選択したのはほぼ50%にとどまった。

　では，このような違いを生み出す原因は何であろうか。いくつか考えられるが，Iversen らの研究では内容語と機能語の語順に着目した考察がなされている。日本語では，例えば「私は本を東京へ送った」という文の場合，「私＋は」「本＋を」「東京＋へ」のように，「長＋短」に分節化される箇所が多くなる傾向がある。一方で英語の場合，"I sent the book to Tokyo" という文を例に考えると，"the book" "to Tokyo" のように，「短＋長」に分節化される箇所が多くなる傾向がある。これは両言語の文法の違いに起因しており，機能語と内容語を組み合わせるときに，日本語では「内容語＋機能語」という語順をとり，英語では「機能語＋内容語」という語順をとるためである。機能語と比べると内容語は比較的長いため，日本語では「長短」になりやすく，英語では「短長」になりやすい。このような言語のリズムの違いが，非言語的な音の分節化に影響するとすれば大変興味深い。

4.1.6　聴覚の文化差 (2)

　和音に感じる快・不快は，人類にとって普遍的なのだろうか。和音（複数の楽音の組み合わせ）を聴いたとき，快く感じることもあれば，不快に感じることもある。例えば，「ド」「ソ」は快く感じる

が，「ド」「ソ♭」になると途端に不快に感じる。多くの人が心地よく感じる和音は協和音と呼ばれ，多くの人が不快に感じる和音は不協和音と呼ばれる。協和音とは，物理的には2音の周波数比がシンプルな音である。このように，音は波による物理現象なので，科学者たちは，協和音を心地よいと感じるのは人間に普遍的な感覚だと考えてきた。それに対し，民族音楽の専門家たちは，協和音を心地よく感じるのは西洋の音楽文化の産物だとして論争となっていた。

　この論争を解決するのは容易ではない。私たちの日常には，カフェでもテレビでもいたるところに音楽が溢れていて，主体的に音楽を聴こうとせずとも絶え間なく音のシャワーを浴びているからだ。これらの音楽の大半は西洋音楽のルールに基づいた音楽である。J-POPや演歌でさえ，ドレミの五線譜で表現されるのだから，立派に西洋音楽のルールに従っている。したがって，こうした西洋音楽の聴取経験が和音の快・不快に影響するのだとしたら，西洋音楽との接点がまったくない人たちの感覚を調べる以外に方法はなさそうだ。

　そこで，McDermott et al. (2016) は，西洋音楽にまったく触れる機会のない，ボリビアのチマネ民族を対象に実験をおこなった。チマネ民族は西洋音楽とは一切接点のない，隔絶した民族である。また，チマネ民族にも歌はあるが，誰かとハーモニーを奏でたり，合唱をしたりすることはないという特徴をもっている。なお，比較対象としてアメリカ人（音楽家・非音楽家），ボリビア都市部および地方在住者も実験に参加した。実験では，さまざまな音を聴いてもらい，快・不快を評価するよう求めた。実験の結果，まずアメリカ人（音楽家・非音楽家）では，協和音を心地よいと感じ，不協和音を不快だと感じることが確認できた。次に，ボリビア都市部在住者，ボリビア地方在住者でも差は小さいながらも，協和音のほうが

評定値が高かった。ところが，チマネ民族では協和音と不協和音の評定値には差が見られなかった。この結果は，楽器音でも歌声でも同様であった。なお，チマネ民族は笑い声と唸り声では笑い声を心地よいと感じていることから，音に対する快・不快の感覚は持っていることもわかった。

McDermott らは対照実験として，周波数の近い2つの音を同時に両耳に聞かせる条件と，片耳ずつ別々に聞かせる条件でも実験をおこなっている。周波数の近い2音が同時に同じ耳に入ってくるとチマネ民族の人たちも不快に感じており，2音の関係に対する快・不快の感覚も持っていることがわかる。しかし，西洋音楽の特徴である和音については，協和音も不協和音も同じように感じ，快・不快の感覚を持たないことがわかった。これらの結果から，McDermott らは協和・不協和の感覚が西洋音楽に触れることによって後天的に作られたものであると結論づけている。

ミュラー・リアー錯視の文化差の研究やこの研究が示すことは，経験が五感を形成するプロセスを明らかにするためには，西洋文化に接点のない人々を対象とした研究が強力な武器となるということである。

4.1.7 感情のコミュニケーションに関する知覚の文化差

ここまでは，視覚や聴覚が文化や言語によって変化することを示す事例を紹介した。ここからは感情のコミュニケーションに着目し，文化による影響を検討する。

感情のコミュニケーションは，普遍的なのだろうか。それとも文化依存的なのだろうか。感情知覚の普遍性と文化依存性の問題は，顔の表情知覚を中心に検討が進められてきた。古典的研究では，表情の表出と認知が文化によらず普遍的であるという側面に関心が払われてきた (Ekman, 1972; Ekman & Friesen, 1971)。しかし，

近年，顔の表情知覚には大きな文化差があることが報告されている (Elfenbein & Ambady, 2002; Jack, Blais, Scheepers, Schyns, & Caldara, 2009; Yuki, Maddux, & Masuda, 2007)。例えば，「顔で笑って心で泣いて」「笑いながら謝る」などといった表現は，日本人には馴染み深いが，外国人には理解しにくいだろう。こうした感情の表現や読み取り方の違いは「文化の壁」となって，しばしば言葉の壁以上に異文化間コミュニケーションを阻害する原因となる。つまり，人間の基本的な感情である怒り，喜び，恐怖などの種類と，それがどのような表情に対応するかはかなりの程度普遍的であるが，他者の前でいつどのように表出するのか（表示規則），そしてある場面における相手の表情をどのように解読して感情を知覚するのか（解読規則）といった点には，文化差があると考えられる (Ekman & Friesen, 1975)。

Masuda, Ellsworth, Mesquita, Leu, Tanida, and van de Veerdonk (2008) は，中心にいる人物の表情知覚において，その周辺にいる人物の表情が及ぼす影響について検討した。実験の結果，中心人物と周辺人物の表情が食い違うとき，日本人はアメリカ人と比べて，周辺人物の表情による影響が強く見られた。

Yuki らは，日米の学生を対象として顔の表情知覚実験をおこなった。実験ではさまざまな顔文字を実験の参加者に見せ，それぞれの感情を9段階で評定するよう求めた。顔文字には，a) 目喜び/口中立，b) 目中立/口悲しみ，c) 目喜び/口悲しみ，d) 目中立/口喜び，e) 目悲しみ/口中立，f) 目悲しみ/口喜びの6種類があった。条件設定がやや複雑に感じられるが，a)～c) は「目のほうがポジティブ」な条件であり，d)～f) は「口のほうがポジティブ」な条件である。実験の結果，「目のほうがポジティブ」な条件では日本人の評定値が有意に高く，「口のほうがポジティブ」な条件ではアメリカ人の評定値が有意に高かった（図4.3）。この結果は，顔文

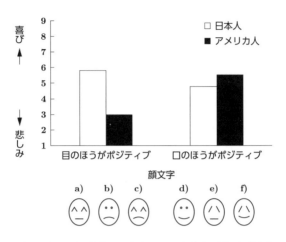

図 4.3 Yuki et al. (2007) の実験で用いた顔文字の例と実験結果

字を使った実験でも顔写真を使った実験でも確認されている。ま
た、視線計測の研究結果によれば、日本人は顔を見るときには口よ
り目を見てしまうとの報告がある (Jack et al., 2009)。「日本人は
相手と目を合わせない」などという話を聞いたことがあれば、これ
らの結果を意外に感じる人もいるかもしれない。しかし、実際に実
験をしてわかったことは、いざ相手の顔を見て表情を読み取るとき
に日本人は目元を重視するのに対し、アメリカ人は口元を重視する
ということである。

　Ishii, Reyes, and Kitayama (2003) は、聴覚情報に着目し、話し
言葉から感情を知覚する際に、音声に含まれる言語情報とパラ言語
情報の相対的重要性の文化差について日米比較実験をおこなった。
実験の結果、パラ言語情報が言語的意味に基づいた感情知覚に及ぼ
す影響は日本人のほうが強く、言語的意味がパラ言語情報に基づい
た感情知覚に及ぼす影響はアメリカ人のほうが強かった。

　これらの先行研究は、視覚または聴覚という単一感覚モダリティ

内における複数情報の統合様式の文化差を明らかにしてきた。しかしながら，これまで見てきたように，人間は顔と声から得られる感情情報を多感覚的に用いて他者の感情を知覚している。この際，異なった感覚モダリティから得られる感情手がかりの統合過程そのものにも文化的特徴が反映される可能性がある。ところが，同一文化内での感情知覚（例えば日本人参加者が日本人刺激を判断）と文化をまたがる感情知覚（例えば日本人参加者がアメリカ人刺激を判断）を比較し，同一文化内での判断では声をより重視することを報告した研究（重野，2004）を除くと，多感覚情報に基づく感情知覚の文化差はこれまで検討されてこなかった。ある文化圏に属する人々のほうが別の文化圏に属する人々よりも顔情報を重視する（あるいは声情報を重視する）というようなことはありうるのだろうか。

4.2　多感覚コミュニケーションの文化間比較

　前節では，視覚と聴覚における知覚に文化差が存在することを紹介した。では，視覚や聴覚といった単一感覚を超えて，多感覚知覚にも文化差はあるのだろうか。多感覚知覚に文化差があるとすれば，統合の様式における違いが考えられる。具体的には，視覚と聴覚のどちらの重みづけが高いのか，両者は相互に促進ないし干渉のいずれの効果をもたらすのか，あるいはマガーク効果のように両者が融合して生み出される知覚内容に違いはあるのだろうか，といったことが問題となる。しかし，フラッシュ光とビープ音といったシンプルな刺激を用いる，基礎的な多感覚知覚の研究では普遍性ばかりが注目されてきており，文化差に関する報告は見られない。一方で，言語や感情といったコミュニケーションに関連する刺激を用いた研究からは文化差が報告されている。以下では，こうした多感覚コミュニケーションの文化差に関する研究を紹介したい。

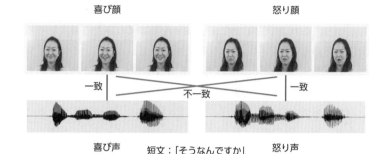

喜び顔　　　　　　　　　　　怒り顔

一致　　　　　　不一致　　　　　一致

喜び声　　　短文：「そうなんですか」　　怒り声

図 4.4　Tanaka et al. (2010a) で用いた刺激の例

4.2.1　最初の日蘭比較実験

　筆者らは，日本人とオランダ人の大学生を対象に，相手の顔を通して読み取った情報と声を通して読み取った情報を，どのように結び付けて感情を判断しているのかを検討する文化間比較研究をおこなった (Tanaka, Koizumi, Imai, Hiramatsu, Hiramoto, & de Gelder, 2010a)。

　実験に先立って，日本人およびオランダ人の発話者に，喜びまたは怒りの感情を表情と音声に込めて，それぞれの母語で意味的に中立な短文を読み上げてもらい，これをビデオに収録した。収録後には動画を編集し，顔と声の感情が一致（喜び顔＋喜び声，怒り顔＋怒り声）または不一致（喜び顔＋怒り声，怒り顔＋喜び声）の動画刺激を作成した（図 4.4）。なお，そのまま用いると感情知覚は顔のほうが容易なため，実際の実験では顔にノイズをかけてよく見えないようにして，顔と声の判断の難しさが等しくなるように調節した。実験では参加者にビデオを視聴させ，顔または声のどちらか一方のみに着目して（つまり他方は無視して），人物の感情を判断するよう求めた。

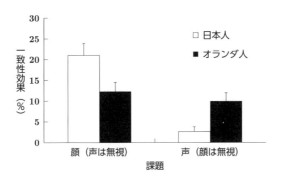

図 4.5　Tanaka et al. (2010a) の実験結果。一致性効果は感情判断時に無視すべき情報から受ける干渉の強さを表す。

　実験は多感覚セッションと単一感覚セッションから構成された。de Gelder and Vroomen (2000) のクロスモーダル・バイアスの手法を用いて、多感覚セッションでは顔と声の両方を含む動画を呈示し、顔注意課題と声注意課題の2種類を実施した。顔注意課題では声を無視して顔から知覚される感情について判断するように、声注意課題では顔を無視して声から知覚される感情について判断するように教示した。単一感覚セッションでは、無音の顔動画（顔のみ課題）または映像の伴わない音声（声のみ課題）の一方を呈示し、話者の感情判断を求めた。両セッションともに、判断は「喜び」と「怒り」の二肢強制選択とした。日蘭双方の実験参加者が日蘭双方の話者刺激について課題をおこなった。

　実験の結果、日本人はオランダ人と比べて、顔に着目して判断する場合には、無視すべき声による影響を強く受け、逆に声に着目した場合には、無視すべき顔による影響を受けにくいことがわかった（図4.5）。つまり、日本人は相手の感情を判断する際に、声の調子に自動的に注意を向けてしまう傾向が強いことが示されたといえる。この結果は、感情の知覚において、顔と声という多感覚情報の

重みづけは文化による影響を受けることを示唆している。平たくいえば，文化によって五感の使い方のバランスが異なるということである。なお，単一感覚セッションの結果には文化差はなかったため，ここで見いだされた文化差は視覚と聴覚からの情報を統合する際に生じる文化差であるといえる。

4.2.2　現象の頑健性

先述の研究では，顔表情知覚と声感情知覚の難度を統制したため，顔から声への干渉と，声から顔への干渉の両方を確認することができた。しかし現実場面では多くの場合，顔表情の判断のほうが容易であり，そのような場合でも果たして声は顔表情の判断に干渉するのかどうかは定かではない。そこで，顔にノイズを付加せずに同様の実験を実施した (Tanaka, Koizumi, Imai, Hiramatsu, Hiramoto, & de Gelder, 2010b)。すると，ノイズを加えないことで顔表情の知覚が容易となり，全体的に顔課題の正答率が100％に近い値となった。つまり，日常場面では声から顔への干渉は非常に小さいことがわかった。しかし注目すべきことに，日本人参加者では，日本人刺激の喜び顔＋怒り声の条件で選択的に正答率が低下した（同じく日本人刺激の怒り顔＋喜び声の条件では，正答率は低下しなかった）。オランダ人参加者では，いずれの条件でも正答率の低下は見られなかった。「喜び顔＋怒り声」の条件は，日常生活での「本当は怒っているのだけれど，相手との関係もあるので笑顔で取り繕った状況（ただし声からは本心が漏れ出ている）」と似ている。このような状況で日本人は，顔がはっきり笑顔であっても，ネガティブな声に引きずられてしまうというのは面白い。

4.2.3　人工 vs. 自然な不一致

ここまで紹介してきた研究では，顔・声不一致時の統合様式について，動画編集によって人工的に作成した刺激を用いて検討して

きた。例えば，喜びの発話表情に怒りの発話音声を組み合わせると
いった具合である。しかし，日常場面では顔と声から表出される表
現は完全に独立に操作できるものではなく，表情筋などの解剖学的
制約を受けることになる。そもそも，表情と音声が表す感情は常に
一致していて，不一致であることはありえないのではないかという
意見も聞かれる。怒っているなら，顔からも声からも怒りが表され
るだろうということである。このような意見は，必ずしも人工的な
刺激を用いた研究の価値を損ねるものではない。しかし，3.3.6 項
で紹介したとおり，ある感情表現の表情と音声を観察者に独立して
評定させると，表情に対する評定は「喜び」がもっとも多かったの
に，音声に対する評定は「悲しみ」がもっとも多いというように，
表情と音声がそれぞれ異なった感情として知覚されることも多い。
こうした「自然な」感情不一致刺激（非人工不一致刺激）は，すべ
ての感情の組み合わせにおいて存在するわけではなく，収録した動
画データベースの中ではバリエーションにも限りがある。

　そこで，顔・声不一致時の統合様式について詳細に調べるには，
非人工不一致刺激のみならず，動画編集によって表情と音声の表現
する感情が異なる組み合わせを人工的に作成して（以降，「人工不
一致刺激」と呼ぶ），実験に用いることが有効である。ただしその
際には，両者の知覚特性が等価であることを確認しておく必要があ
る。そこで，髙木・田部井・田中 (2012) は，人工不一致刺激と非
人工不一致刺激の等価性について検討する実験をおこない，人工不
一致刺激と非人工不一致刺激で同様の結果を示した。また，表情と
音声を人工的に組み合わせることによって違和感が生じる可能性が
あるため，主観的指標を用いた印象評価実験をおこなった。その結
果，表情と音声の時間ずれを知覚されない範囲に収めることができ
れば，表情と音声が表現する感情の食い違いや，演技の不自然さな
どの印象評価にも違いが生じないことが明らかとなった。つまり，

人工不一致刺激と非人工不一致刺激の等価性が，客観指標と主観指標の両面から示された。等価性が担保されたことで，その後，人工不一致刺激を使ってモデルの検証実験を効率的に推進することが可能となった。とても地味だが，手堅く重要な研究結果である。

4.2.4　高次感情の文化差

人間には，基本感情以外にも多種多様な感情がある。これらの感情をまとめて，ここでは高次感情と呼ぶことにする。感情についてどのような立場をとるかにもよるが，その「数」について考える場合，定説はないものの，少なくとも数十に及ぶであろうことは想像に難くない。そう考えた場合，私たちは顔の表情，あるいは声のパラ言語情報から，数十にも及ぶ感情を適切に識別できるのだろうか。これは想像するだけでも相当困難な課題である。しかし，顔と声の組み合わせという視点から考えたらどうであろうか。ここまで紹介してきたように，顔ないし声から6種類程度の感情を識別ないし表現することはさほど難しくはない。ここで両者の組み合わせを考えると，$6 \times 6 = 36$ 通りの組み合わせ空間が生まれる。そこで，顔と声の組み合わせによって高次感情を表現したり知覚したりすることが実際に可能かどうかを実験によって検討した (Takagi, Miyazawa, Huis In 't Veld, de Gelder, & Tanaka, 2015)。

実験に用いたプログラムの画面を図4.6に示す。このプログラムでは，画面左側の表情写真の中から1つを選択し，再生ボタンをクリックすることによって，6種類の表情動画を確認することができる。また，右側の音声アイコンの中から1種類を選択し，再生ボタンをクリックすることによって，6種類の音声を聞くことができる。6種類の表情と音声はそれぞれ基本6感情を示したものであるが，表情1〜6，音声1〜6のようにラベリングして呈示し，実験参加者には各刺激の示す感情を伝えない。さらに，表情と音声それ

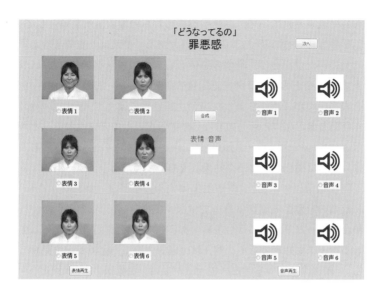

図 4.6 顔と声の組み合わせによって高次感情を表現する実験の画面
(Takagi et al., 2015)

ぞれを1種類ずつ選択し，画面中央の「合成」ボタンを押すこと
によって，選択した表情と音声が合成された表情音声動画を視聴す
ることができる。実験の課題は，画面上部に呈示された感情を最も
よく表すような表情と音声の組み合わせを決定することであった
（図4.6では罪悪感）。

　実験の結果，日本人は表情と音声で異なる基本感情を組み合わ
せて高次感情を表出する傾向があるが（例：罪悪感を「悲しみ顔＋
恐怖声」で表現），オランダ人は同じ基本感情を組み合わせて表出
する傾向（例：恥を「悲しみ顔＋悲しみ声」で表現）があった。ま
た，こうした表現を高次感情として解読する際にも同様の傾向がみ
られた（例：悲しみ顔＋恐怖声→「罪悪感」と解読）。これらの結
果から，話し手側では複雑な感情は顔と声の組み合わせによって分

散的に表現されていて，聞き手側もこれらの複数情報を統合して，話し手の感情を知覚している可能性がある。例えば，表情を変えずに笑い声だけ出せば，軽蔑の感情として認知されるかもしれない。人工的状況を用いた音声言語知覚の研究からは，口の動きが「ガ」を表し，声が「バ」を表した場合，聞き手には「ダ」という音節，すなわち顔とも声とも一致しない別の音節として知覚されることが示されている（マガーク効果）。こうした日本人の感情の解読形式は，いわば感情のマガーク効果とでもいえるだろう。

　高次感情以外にも，「愛憎相半ばする」などといわれるように，私たちの経験する感情は単一ではなくてアンビバレントだったり，複合的だったりすることも多い。あるいは，感情の表出を制御しているケースも想定できる。例えば，悲しみをこらえて笑顔を見せても，「顔は笑っているけど声に元気がない」と認知されるだろう。

　このほかにも，さまざまなケースが想定できるが，いずれにせよ，以上のような観点からの研究はまだ始まったばかりであり，さまざまな実験刺激や実験状況を使ってデータを蓄積していくことが必要な段階である。筆者らも前述の刺激データベースを用いて，実験を積み重ねているところである。

4.2.5　統合原理

　さて，このように表情と音声は表現された感情が一致していることも一致していないこともあることがわかったが，では両者の統合のされ方にはどのようなバリエーションがありうるのだろうか。ここでは，表情と音声が一致している場合と一致していない場合に大別したうえで，さらにそれぞれを細かく場合分けして考えてみたい。

　まず，表情と音声が一致している場合であるが，第一に，表情と音声がもつ情報の冗長性が有効に機能するケースが考えられる。表

情だけ，あるいは音声だけでも十分に感情を知覚できる場合，両者を利用することでより迅速かつ正確な処理につながるだろう。第二に，表情と音声が補完的に機能するケースが考えられる。例えば，声の感情価が低くて声だけからでは感情が明確に知覚されなくても，顔の表情の感情価が十分に高ければ，両者を併用できる場面では感情の知覚が可能となる。第三に，両者は加算的ないし超加算的に機能することもあるだろう。つまり，どちらか一方の情報のみからでは感情が知覚されなくても，両者が合わさることで感情知覚に必要な閾値を超えるようなケースである。

　続いて，表情と音声が一致していない場合であるが，第一に，顔と声の情報が適切に重みづけされて，どちらかの表出する感情として知覚されるケースが考えられる。このとき，どのように重みづけされるかは顔と声が表出する感情の組み合わせや，送り手と受け手の属する文化やパーソナリティなどの要因によって異なる。第二に，上で述べたように，組み合わせによってのみ表現できる感情が存在する可能性を指摘できる。具体的には，単一の基本感情の表現を超えて，より複雑な感情を表現するようなケースである。人間が表出する感情には，基本感情に加えて，嫉妬，困惑，自尊心，罪悪感，恥，誇り，軽蔑などの複雑な感情が多種多様に含まれる。顔と声という組み合わせに必ずしも限定されないが，こうした高次の感情は，複数の表出チャンネルによって分散的に表現されていて，聞き手もこれらの複数情報を統合し，話し手の感情を知覚している可能性がある。

4.3　なぜ日本人は声を重視するのか

　日本人は他者の感情知覚において声依存性が高いとの結果は，日本語母語話者は音声知覚において視覚情報の影響（マガーク効果）が弱いとの知見 (Sekiyama & Tohkura, 1991, 1993) と整合する。

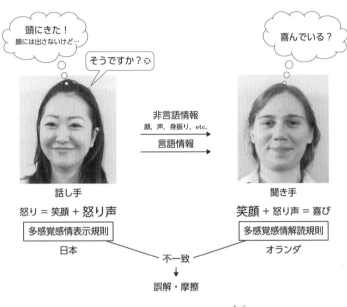

図 4.7　コミュニケーションの齟齬

また，音声の言語情報とパラ言語情報のうち，日本人は感情知覚においてパラ言語情報を重視するとの知見 (Ishii et al., 2003) とも整合する。つまり，音声の言語情報の同定と非言語情報の認知の両面から，そして単一モダリティでの知覚と多感覚知覚の両面から，日本人は音声のパラ言語情報への依存性が高いことが示されたといえる。

　これらの研究結果から，異文化間コミュニケーションで感情を誤解してしまう原因の一部をうまく説明できる（図4.7）。話し手が日本人で，聞き手が外国人の場合，両者は感情知覚における顔と声への依存度が違っている。話し手が笑顔を保ちつつも声に怒りを滲ませたとき，聞き手は顔の表情に依存して判断してしまい，怒りに気づかず，喜んでいると誤解してしまう。こうなると，その後の会

話もうまくいかなくなる。このように，話し手と聞き手の文化において，顔と声による多感覚的な感情の表示規則と解読規則が一致していないことも，異文化間コミュニケーションにおける誤解の一因となると考えられる。

では，なぜ日本人は声に強く依存して相手の感情を知覚するのだろうか。感情知覚において日本人はオランダ人よりも声を重視するという現象は，文化的要因によっても言語的要因によっても解釈可能である。いずれの可能性が正しいのかは現時点では明らかではないが，以下のようにいくつかの可能性を想定できる。

4.3.1 表現の文化差による説明

第一に，顔表情の表示規則の違いが原因である可能性である。対人関係の維持を重視するために顔にあまり本心を表さないのが，日本人の特徴だといわれる。例えば，「怒りを押し殺す」といった状況である。日本の文化では，自分の感情を顔にストレートに表出することは失礼とされることも多い。日本人は感情を顔に出すのを制御することも多いため (Ekman, 1972; Matsumoto et al., 1998)，相手の顔の表情もあまり信頼せず，声などの他の情報に依存する傾向が高まったのかもしれない。

4.3.2 知覚の文化差による説明

表現の文化差と表裏一体だが，知覚する側の視点から説明することもできる。まず，日常において相手の顔をどれだけ注視しているかという定量データは見当たらないものの，そもそも日本人はあまり人の顔を凝視しないと感じている人は多いだろう。また，視線計測の研究結果によれば，日本人は顔を見るときには口より目を見てしまうという (Jack et al., 2009)。結果として，表情を読み取るときに日本人は目元にウェイトを置くのに対し，アメリカ人は口元にウェイトを置いている (Yuki et al., 2007)。

Yuki らはこうした文化差について，「日本人（あるいは東洋人）は本心を隠す」「米国人（あるいは西洋人）は本心を伝える」という図式で説明している。目元の筋肉は随意的にコントロールしにくいため，偽ることが難しく，本心が表れやすいと考えられる。一方で，口元の筋肉は随意的にコントロールしやすいため，本心を強調して表現することもできる反面，真の感情を偽ることも可能である。こうした性質を踏まえると，日本人が相手の顔を見るときは本心を隠そうとしても表れてしまう目元に着目し，アメリカ人は感情が豊かに表現されうる口元に着目するのが理に適っているというわけだ。顔と声の感情知覚の文化差を Yuki らと同様の枠組みで解釈すれば，声のパラ言語情報は顔の表情と比べて随意的なコントロールが難しいため，日本人は相手の本心を知るために声に依存して感情を認知する傾向が高まるということになるだろう。また，世俗的には，日本人は会話中に相手を凝視しないといわれるが，これが正しければ，日本人は相手の顔をあまり見ないので，声に依存して感情を認知する傾向が高まるとも解釈できる。

　ここまで感情の表現と知覚を分けてみてきたが，実際には両者は表裏一体の関係にあるだろう。口元で大きく表現する文化で育てば，そうした表現を常日頃から観察することで，知覚においても口元の情報を強く重みづけたり，注意を向けやすくなったりする可能性がある。

4.3.3　文化心理学の枠組みからの説明

　東洋人は西洋人と比べて，事象の認知において周辺文脈による影響を強く受けるとする文化心理学の理論 (Nisbett et al., 2001) による解釈も可能である。つまり，声は顔の周辺文脈であるととらえれば，日本人は文脈情報を重視するという一般的傾向を反映したものとも解釈できる。あるいは，洋の東西でのコミュニケーション

様式の違いと対応づけることもできる。日本のコミュニケーション様式では，発話で意図を伝える際には「何を言うか」よりも「どのように言うか」を重視する。こうしたコミュニケーション様式の結果，日本人はオランダ人と比べて，声のパラ言語情報にウェイトを置くと解釈することもできる。

　また，自己観の違いから文化差をとらえる理論 (Markus & Kitayama, 1991) による解釈も可能である。彼らは，「人は他者や周りの物事とは独立して存在する」という考え方を相互独立的自己観，「人は自分にとって重要な他者と結びつくことで存在する」という考え方を相互協調的自己観と名付けた。相互独立的自己観に基づけば，明確に自分の意志・態度・感情を表現することが重要になってくる。その結果として，より明確に感情を伝えられる顔の表情への依存度が高まると考えることができる。一方，相互協調的自己観に基づけば，他者の気持ちを敏感に理解し，それに応じてふるまうことが重要になってくる。その結果として，より本心が表れやすい声への依存度が高まると考えることができる。

4.3.4　言語による説明

　ここまでは文化的要因に着目したが，言語的要因を想定することもできる。日本人とオランダ人には，洋の東西という文化的背景に加えて，言語的な違いも見られる。4.2 節で紹介した研究では，意味的に中立な言語情報を用いたり，日蘭で同様の意味，同様の時間長の発話を用いたりすることで，刺激自体がもつ言語的要因は統制したが，それとは別に，実験参加者の言語的背景が感情の知覚に間接的に影響する可能性はある。例えば，日本語では，東京方言を含む多くの方言において，ピッチアクセントによって単語を区別する（例えば東京方言では，「雨」と「飴」はピッチの高低変化によって識別される）。このような声の高さの変化に基づいた単語の区別は，

多くの欧米諸言語には存在しない。ピッチアクセントをもつという日本語の言語的特徴によって，日本語母語話者は声の高さの変化の識別能力が高く，この能力を副次的に利用して声のパラ言語情報による感情の表出と解読の能力も高まったとの解釈も可能である。もちろんピッチアクセント以外の言語的要因が影響している可能性もある。今後は，音韻論，語彙，語順，語用論等にさまざまな特徴をもつ言語の話者を対象に比較言語実験を展開することで，言語のもつどのような特徴が視聴覚感情知覚における声優位性に影響するのかを詳細に検証することができるだろう。

4.3.5 学生による回答

　ちなみに，筆者が大学の講義で学生にこの問題について考えてもらうと，けっこういろいろな答えが出てくる。ここまでに紹介した仮説と同様の考え方もあるし，斬新なものもある。以下では，そのいくつかを紹介したい。

　表現の文化差による説明としては，「日本人は表情が豊かではない」という回答をよく見かける。これが事実かどうかはわからないが，同意する読者は多いかもしれない。実際にこれを検証するためには，日本人と外国人を対象に実験室で顔面筋を測定したり，日常環境での感情表現を収録して表情を解析したりする方法などが考えられる。

　知覚の文化差による説明としては「日本では古くから"顔が見えないコミュニケーション"があった」という回答をよく見かける。平安時代には，女性は親しい人以外に顔を見せることは少なく，会話も御簾や几帳越しにおこなわれていたという。顔を見せるときであっても扇子で口元や顔全体を隠していたという。このような状況では視覚情報は利用できず，声の聴覚情報に頼らざるをえないというわけである。

また，かつて日本人は農耕民族だったという視点からの回答もある。確かに，田植え作業中には下を向いているし，話しかける相手も遠くにいることが多いだろうから，相手の顔は見えにくい状況にあることが多かったかもしれない。このようなとき，声はほとんど唯一の情報源であるといってよいだろう。ただし，日本人が農耕民族であったかどうかの議論はまだまだ続いているようである。

　こうした歴史的背景に着目した回答は，過去に身につけられた認知様式が時代を超えて継承されることを仮定していることになる。御簾越しに会話する現代人はいないだろうし，農業を生業としている人も随分減少している。文化心理学の考え方に基づけば，文化が心を形成し，そうした心を持った人々が文化を再生産していくことで，文化とそれに応じた認知様式は継承されることになる。

　顔に関連しない部分での日本文化に着目した回答もある。「日本人は機微や言外の意味を重んじる」「（言葉や顔で）直接表現しないのが美徳」といった回答もある。これらは文化心理学の枠組みとほぼ同様のものと考えてよいだろう。

　なお，学生から「日本語は平坦」という意見が出ることがあるが，これは音響的観点からは正しいとは言えない。「平坦」というのがピッチの変化が少ないという意味だとすると，基本周波数の標準偏差を言語間で比較することによって検証することができる。しかし，日本語の音声を欧米のさまざまな言語の音声と比べると，実際には基本周波数の標準偏差には違いが見られないことが多い。よく英語話者から「日本語は平坦だ」といわれるのは，むしろ英語話者が他言語（日本語）の抑揚を知覚する際の感受性が低いことが原因である可能性がある。

　また，日本人学生からすればオランダの情報は限られるため，数は少ないが，日本人側ではなくオランダ人側に着目した回答もある。例えば，日本人が声重視なのではなく，オランダ人が顔重視だ

という視点である。大陸では民族の移動が多く，こうした状況下では必然的にさまざまな言語が用いられるため，声色を感情の手がかりとして用いにくくなる。その結果，より普遍性が高い表情への依存性が高まるという可能性はあるだろう。

4.3.6　まとめ

　以上でみてきたように，顔と声による多感覚感情知覚には文化差があり，日本人は欧米人よりも声を重視することが示された。文化差の生じる原因を解きほぐすのは骨の折れる作業だが，本節では現状で考えられるいくつかの仮説を紹介した。今後さらにこの問題を検討していくためには，欧米と東アジア以外の文化圏も含めて多文化・多言語での比較検討を進めること，実験室実験に加えて日常における感情の表現と読み取りについてもデータを蓄積することなどが重要であろう。

第5章 多感覚コミュニケーション研究の展開

　ここまでの章では，主として心理学的実験の結果を通して，多感覚コミュニケーションの特性と心理プロセスについて論じてきた。心理学的実験では，感覚刺激に対する行動的な反応を通して，両者の間にある心理プロセスを推定する。行動は脳活動によって支えられているため，行動の神経基盤を理解することも重要である。そこで，5.1節では，多感覚コミュニケーションの神経基盤について検討した研究を見ていきたい。

　また，典型的な心理学実験では，研究者の周囲にいる大学生を対象として実験をおこなう。大学生の心のあり方は，生まれてから約20年間にわたる人生のなかで発達し，形作られてきたはずである。そして，第4章で紹介したとおり，その発達のあり方は文化による影響を大きく受けている。さらに，ヒトが今もっているような心の働きや行動様式は，進化の過程で獲得されたものである。発達は数年から数十年，文化は数百年から数万年，進化は数百万年以上のタイムスケールで生じる現象である。このように，発達，文化，進化という3つのタイムスケールで検討することで，多感覚コミュニケーションの成り立ちについて多面的に理解することができるだろう。

　そこで，5.2節では文化のなかでの発達という視点，5.3節では比較認知科学的視点から，多感覚コミュニケーションの研究を紹介

する。第4章で論じた文化との関連とあわせることで，3つのタイムスケールから多感覚コミュニケーションの成り立ちに迫りたい。このように比較認知科学的手法と比較文化的手法を組み合わせることで，究極的にはヒトの認知とその成り立ちを，系統発生と個体発生の両面から理解することが可能となるだろう。

　人間同士の多感覚コミュニケーションは，それとは異なるコミュニケーションと比べて相対化することで，そのあり方を逆照射することができる。5.4節ではヒトとロボットの多感覚コミュニケーションの研究に着目し，人間がロボットを，ロボットが人間をどう認識し，どう行動につなげるかを見ていきたい。さらに，視覚と聴覚の特性は，他の感覚モダリティと比較することで浮き彫りになる。5.5節では触覚による感情コミュニケーションに着目し，視覚や聴覚とどのような点で共通していて，どのような点で異なるのかを見ていきたい。

5.1　多感覚コミュニケーションの神経基盤

5.1.1　多感覚ニューロン

　多感覚コミュニケーションは多感覚相互作用に支えられている。ここではあらためて，多感覚相互作用とはどのような現象であるかを考えてみたい。つまり，何が起こったら多感覚相互作用といえるのかを整理したい。

　まず，行動レベルでは単一感覚刺激（例えば，視覚刺激や聴覚刺激）に対する反応と複数感覚刺激に対する反応（例えば，視聴覚同時刺激）に違いがあれば，多感覚相互作用とみなすという基準をまず思いつく。例えば，刺激に対する単純反応時間を計測するとき，視覚条件と比べて視聴覚条件で反応時間が短ければ，聴覚刺激による反応の促進が生じたと説明することもできるだろう。しかし，単

に差があったというだけでは多感覚相互作用とみなせないかもしれない。上記の例の場合，（視覚条件ではなく）聴覚条件と視聴覚条件の反応時間に差がないとすれば，視聴覚条件における反応時間の短縮は単に聴覚刺激に対する反応として説明できてしまう。

　あるいは，正答率を指標として考えた場合，複数感覚刺激に対して何らかの反応を求める際，その正答率が単一感覚刺激に対する正答率を上回れば，多感覚相互作用とみなすという基準もありうるだろう。この場合，視聴覚刺激への正答率が，単に視覚刺激への正答率と聴覚刺激への正答率の和であるというだけでは多感覚相互作用とはみなせないと考えることも可能かもしれない。視覚刺激と聴覚刺激に相互作用を仮定しなくても，それぞれに対する反応として説明できてしまうからである。とはいえ，この例では単一感覚では成しえないパフォーマンスにつながりうる点で，多感覚相互作用の一種であると考える研究者は多い。

　別の例として，視聴覚刺激への正答率が視覚刺激への正答率と聴覚刺激への正答率の和を上回る場合は，多感覚相互作用を仮定せざるをえないであろう。あるいは逆に，視聴覚刺激への正答率が視覚刺激への正答率と聴覚刺激への正答率のいずれかを下回る場合も，多感覚相互作用を仮定することができる。

　別の基準としては，いずれかの単一感覚刺激に対する反応，あるいはそれらを加算しただけでは説明できない結果が生じるという基準を想定することもできる。例えばマガーク効果はその典型であろう。視覚刺激が「ガ」，聴覚刺激が「バ」であるとき，知覚が「ガ」または「バ」であれば，いずれかの単一感覚刺激に対する反応ということになる。あるいは「ガ」と「バ」が同時に知覚されれば，両者の和というとらえ方ができる。しかし，「ダ」と知覚された場合はいずれの説明も成り立たない。

　このように，多感覚相互作用はいくつかの種類に分類することが

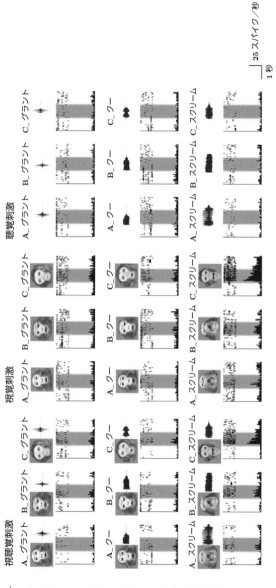

図 5.1　Kuraoka and Nakamura (2007) の実験条件とニューロンの反応

できる。では，それぞれのタイプの多感覚相互作用はどのような神経基盤に支えられているのだろうか。多感覚相互作用を支えるメカニズムでもっとも低次のものは多感覚ニューロンである。多感覚ニューロンとは，いくつかの異なる感覚モダリティからの入力に反応するニューロンのことである。視聴覚統合などに代表される狭義での多感覚相互作用に関しては，視覚と聴覚のいずれからの感覚入力にも反応する多感覚ニューロンが存在する。ネコを対象とした実験からは，上丘が多感覚刺激の同時呈示によって活動することが報告されている (Meredith & Stein, 1983)。この多感覚ニューロンの反応には，複数感覚刺激が空間的 (Meredith & Stein, 1986) および時間的 (Meredith, Nemitz, & Stein, 1987) に一致しているかどうかが大きく影響する。サルの電気生理学的実験からは，上側頭溝に視覚刺激にも聴覚刺激にも応答する多感覚ニューロンがあることが報告されている (Benevento, Fallon, Davis, & Rezak, 1977; Hikosaka, Iwai, Saito, & Tanaka, 1988)。

　単純な感覚刺激ではなく，顔や声を刺激とした研究からは，多感覚コミュニケーションが多感覚ニューロンに支えられていることをより直接的に示す証拠が報告されている。Kuraoka and Nakamura (2007) はサルを対象として，サルの感情刺激9種類（3個体×3種感情価）に対する扁桃体ニューロンの応答性を調べた。感情としては，グラント（図5.1上段，威嚇の意味をもつ），クー（中段，仲間に呼びかける音声），スクリーム（下段，恐怖の意味をもつ）の3種類を用いた。実験の結果，サルの扁桃体において視覚や聴覚といった感覚モダリティによらず，特定の感情を表出した刺激に反応するニューロンがあることを報告している。「顔＋声＞顔」「顔＋声＜顔」となるニューロン（視覚刺激への反応が聴覚刺激によって調節されるニューロン）もあった。

　単一ニューロンレベルよりもマクロな脳領域でみた場合，視聴覚

統合にはいくつかの段階があり，さまざまな脳領域が協調的に機能して視聴覚統合が実現していると考えられる。音声情報に関する視聴覚統合は大脳皮質の左上側頭溝近傍 (Calvert, Campbell, & Brammer, 2000)，単純な視聴覚刺激の時間的バインディングは脳幹にある上丘 (Calvert et al., 2001) が，それぞれ強く関与することを示す報告がある。

Beauchamp, Argall, Bodurka, Duyn, and Martin (2004) は，超高解像度 fMRI で上側頭溝近傍における視聴覚統合について詳細に検討した。視覚，聴覚，視聴覚刺激に対する反応性をもとに分類したところ，上側頭溝をはさむようにして，上側頭回と中側頭回にわたってパッチ状に視聴覚統合関連部位が分布しており，1 つのパッチ内では，多感覚ニューロン（視覚と聴覚のどちらの刺激にも等しく反応し，視聴覚で単一感覚よりも活動が増大）を取り囲むように，視覚ニューロン（視覚で聴覚より活動が大きい）と聴覚ニューロン（聴覚で視覚より活動が大きい）が並んでいた。

また，Beauchamp, Nath, and Pasalar (2010) は，実験参加者ごとに上側頭溝に沿った多感覚ニューロンの所在を確かめたうえで，その部位の活動を経頭蓋磁気刺激 (Transcranial Magnetic Stimulation) によって一時的に阻害すると，マガーク効果が減少することを見いだした。このことからも，上側頭溝付近の多感覚野は音声情報の視聴覚統合に必要であることがうかがわれる。

5.1.2 視聴覚音声知覚の神経基盤

次に，視聴覚音声知覚の神経基盤について検討した研究を見ていきたい。

Calvert らは，単語を発話中の口の動きを視覚的に読みとっているときに，一次聴覚野を含む聴覚領域が活動することを報告している (Calvert et al., 1997)。この結果からは，視覚情報に基づく音声

知覚には，聴覚情報に基づく音声知覚と同様の脳部位も関与していることが示唆される。

　Calvert et al. (2000) は，視覚・聴覚の単一感覚呈示でも活動し，かつ視聴覚一致刺激では，単一感覚呈示による活動の和を超える活動を示す領域を検討した。実験の結果，左上側頭溝後部 (posterior Superior Temporal Sulcus, pSTS) がそのような超加算的 (supra-additive) な活動を示すことが明らかとなった。

　Sekiyama, Kanno, Miura, and Sugita (2003) は，マガーク刺激に対する反応を fMRI および PET を用いて検討した。マガーク刺激の音声明瞭度を操作した結果，ノイズを増加して明瞭度を低下させた条件（マガーク効果が起こりやすい条件）ほど，左 pSTS の活動が高まることが示された。pSTS は，視聴覚統合の部位として知られているが，実際にはさまざまな脳領域が協調して視聴覚統合が実現されていると考えられる。一次感覚野，運動前野，前頭前野などの皮質領域に加えて，上丘や視床などの皮質下領域も視聴覚統合に関与することを示唆する研究も増えてきている。

　なお，視聴覚が一致した音声と比べると，マガーク刺激ではコンフリクト処理領域（前帯状回等）において活動が生じるとの報告もあり (Moris Fernandez et al., 2017)，視聴覚一致刺激と不一致刺激における視聴覚統合には異なる脳部位が関与している可能性がある。

　続いて，脳内処理の時間特性に着目した研究を紹介したい。van Wassenhove, Grant, and Poeppel (2007) は，脳波計測を用いて，単音節音声の視覚情報と聴覚情報が一致する条件と一致しない条件での事象関連電位を測定した。実験の結果，一致条件では聴覚のみ呈示条件と比べて N1（刺激呈示後 100 ミリ秒前後の陰性電位のピーク）と P2（刺激呈示後 200 ミリ秒前後の陽性電位のピーク）の潜時が短縮したが，不一致条件では潜時の短縮は確認されなかった。N1 と P2 のピーク間振幅は聴覚のみと比べると視聴覚呈示の

ときに小さくなった。音声が発話されるときには，まず口が動いてから，その後に音声が発話されることを踏まえると，これらの結果は音声が発話される前の口の動きの視覚情報による予測処理を反映しており，予測と一致する場合は潜時が短縮し，不一致であっても予測が生じた際には聴覚野の活動が減少することを示唆している。

5.1.3　視聴覚感情知覚の神経基盤

　視聴覚感情知覚の心理学的研究からは，他者感情の知覚において表情と音声の視聴覚統合が頑健に生じることが示されてきた。日常生活においては，複数のモダリティからの情報を利用することで，すばやく正確に相手の感情を知覚することへとつながっていくのかもしれない。では，いったいどのくらい早い段階で，表情と音声の視聴覚統合は生じているのだろうか。この問いに迫るには，時間分解能に優れた脳波を用いた研究結果が参考になる。

　脳波を用いた研究から，表情と音声の視聴覚統合は非常に早い段階で生じていることが示されている。音声と表情の感情価が一致した刺激と不一致の刺激での脳波を比較した研究では，刺激呈示後180ミリ秒前後で，不一致刺激において大きな陰性電位が観察された (de Gelder et al., 1999)。また，一致刺激では刺激呈示後110ミリ秒前後に生じる聴覚N1成分が増幅され (Pourtois et al., 2000)，240ミリ秒前後に生じる陽性電位のピーク潜時が20ミリ秒程度短縮した (Pourtois et al., 2002)。これらの結果は，音声の感情知覚プロセスでは，聴覚による単一感覚モダリティ処理のみを反映していると考えられるような早い段階において，表情の視覚情報との統合が生じていることを示唆している。

　次に，顔と声による感情知覚に関与する脳部位について概観したい。多感覚的な感情知覚に着目する前に，顔または声の単一モダリティによる感情知覚の先行研究に着目すると，顔の表情知覚には，

「扁桃体 (amygdala)」(Breiter et al., 1996)，「眼窩前頭皮質 (or-bitofrontal cortex)」(Blair, 1999)，「上側頭溝 (superior temporal sulcus)」(Narumoto et al., 2001) などが関与するとの報告がある。また，声の感情知覚には，側頭声領域 (Ethofer et al., 2009)，内側前頭前野，後部上側頭皮質 (Peelen et al., 2010)，扁桃体 (Scott et al., 1997) などが関与するとの報告がある。

　続いて，顔と声による感情知覚の先行研究を概観する。Dolan, Morris, and de Gelder (2001) は，fMRI を用いた検討をおこなっている。実験参加者は音声と表情の感情価が一致した刺激ないし一致しない刺激を呈示され，表情についての判断をおこなった。音声は無視するように教示された。実験の結果，一致条件では不一致条件と比べて，左扁桃体および右紡錘状回において大きな活動が認められた。Ethofer et al. (2006) は，行動成績と fMRI で計測された脳活動の相関分析から，同様に左扁桃体が表情と音声による感情情報の視聴覚統合と密接に関連していることを示唆する結果を報告している。

　また，Pourtois, de Gelder, Bol, and Crommelinck (2005) は，PET（Positron Emission Tomography，陽電子放射断層撮影）を用いて，顔ないし声の単一感覚モダリティ呈示と，顔＋声の複数感覚モダリティ呈示での脳活動を比較して，左中側頭回において超加算的な活動が生じることを見いだした。Kreifelts, Ethofer, Grodd, Erb, and Wildgruber (2007) は，fMRI を用いて，静止画ではなくて動画を刺激として用いた検討をおこなっている。中立を含む計7種類の感情表現を用いた点も特筆に値する。実験の結果，両側の pSTS において，単一感覚モダリティ呈示と比べて，複数感覚モダリティ呈示における活動が大きく，行動成績との間に有意な相関が認められた。なお，この傾向はほぼすべての感情で一貫していたが，喜び感情では，聴覚提示条件と視聴覚提示条件での上側頭回に

おける活動には有意差が認められなかった。pSTS は音韻でも感情でも共通して超加算的な活動上昇が見られたことから，それらに共通する処理に関与していると考えられる。

では，表情と音声が不一致であるときにはどのような脳活動が見られるのだろうか。Müller et al. (2011) は fMRI を用いて，表情と音声が不一致である場合に活動する領域を検討している。実験の結果，中帯状皮質 (MCC)，上前頭回，補足運動野，および側頭頭頂結合部 (TPJ) において，表情と音声が一致しているときよりも不一致であるときに強い活動が見られた。不一致刺激に対する帯状皮質の活動は，口の動きと音声が不一致のマガーク刺激を用いた研究結果 (Moris Fernandez et al., 2017)，そして色の名前を表す単語と文字の色が不一致であるストループ刺激を用いた研究結果 (Egner & Hirsch, 2005) とも一致しており，帯状皮質が不一致情報の検出 (conflict monitoring) に全般的に関与している可能性が示唆される。また，顔（視覚）または声（聴覚）のいずれかの情報について判断が求められる課題を遂行する場合，無視すべき情報を抑制する必要がある。Müller et al. (2011) では，上前頭回や補足運動野で活動が見られ，これらの領域が認知および反応の抑制に関与している可能性がある。

なお，感情の視聴覚統合の前段階，あるいは並列した段階には，表情と音声のそれぞれ単体を分析し，感情を知覚するプロセスが存在する。表情や音声の単体から感情が知覚されたあとに視聴覚統合が生じるのか，刺激の基礎的な分析のあとに視聴覚情報が統合され，そのあとに感情の知覚が生じるのかは今後の検討が待たれる。

5.1.4 顔と声による視聴覚情報処理の全体像のモデル化に向けて

顔と声はそれぞれに音韻，感情，人物など多様な情報処理をおこなっており，この全体像を把握するにはまだまだ時間がかかりそう

である。しかし，顔の視覚情報処理，声の聴覚情報処理，そして顔と声による視聴覚情報処理の全体像について，仮説的ではあるが包括的なモデルがいくつか提唱されている。

Bruce and Young (1986) は，人間が他者の顔から「この人物は誰か」「何を言っているのか」「どのような感情か」といった情報を読み取る際の認知プロセスに関する情報処理モデルを提唱した。Bruce らのモデルでは，低次の視覚的特徴の分析後，顔の構造分析がおこなわれ，この分析結果が人物情報，発話情報，感情情報の認識に用いられることを仮定している。顔の構造分析には顔処理領域 (fusiform face area, FFA) が関与すると想定されている。

Belin et al. (2004) は，Bruce and Young (1986) の顔認知モデルを参考に，声認知モデルを提案した。Belin らの声認知モデルでも同様に，低次の音響的特徴の分析後，声の構造分析がおこなわれ，この分析結果が発話情報，感情情報，人物情報の認識に用いられると仮定した。声の構造分析には声処理領域 (temporal voice area, TVA) が関与すると想定されている。

Campanella and Belin (2007) は，顔と声からの音声知覚，感情知覚，および人物知覚の先行研究をレビューし，Belin et al. (2004) のモデルを精緻化し，顔と声による総合的な情報処理モデルを提唱している（図 5.2）。このモデルによれば，音韻情報の視聴覚統合は，左 pSTS および左中側頭回，感情情報の視聴覚統合は pSTS，眼窩前頭皮質，および扁桃体，そして人物情報の視聴覚統合には楔前部 (precuneous) および前部側頭葉が関与するとされる。

現時点で確実に言えそうなことは，音声言語知覚と同様に，感情知覚においても顔から得られる視覚情報と声から得られる聴覚情報の視聴覚相互作用にはいくつもの脳領域を含むネットワークが関与しており，かなり早い段階から視聴覚相互作用が生じているということである。各部位の具体的役割については今後の検討が待たれ

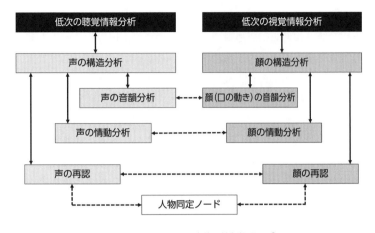

図 5.2　顔と声による総合的な情報処理モデル
(Campanella & Belin, 2007 を参考に作成)

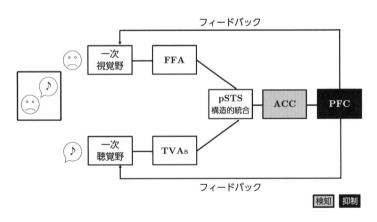

図 5.3　視聴覚感情知覚に関与する神経ネットワークの仮説

るが，pSTS を含む上・中側頭領域は感覚野からの視覚情報と聴覚情報の統合に関与し，扁桃体は表情と音声の感情価が一致した場合に（とりわけ恐怖感情）顔の表情判断を促進している可能性を挙げることができる。また，表情と音声の感情価が不一致である場合，帯状皮質が不一致を検出して，前頭領域で抑制の信号を出し，視覚野および聴覚野の活動が調節されている可能性を指摘できる（図5.3）。以上は，現時点では断片的な研究結果をもとにした推測であるが，今後の検討が待たれる。

5.1.5　視聴覚感情知覚の文化差を生み出す神経基盤

　上述のように，顔と声による感情情報の統合のメカニズムに関わる脳領域や領域間の結びつきは徐々に明らかにされつつある。視聴覚感情知覚の文化差は，どのような神経基盤によって生み出されるのだろうか。筆者らの研究チームでは生理学研究所およびオランダの研究チームと共同で，Tanaka et al. (2010) と類似したパラダイムで実験をおこない，視聴覚動画刺激から感情を判断する際の脳活動を機能的磁気共鳴画像装置 (fMRI) で計測することによって，この問題にアプローチしている (Tanaka, Takagi et al., 2020)。

　実験には日本人 20 名，オランダ人 15 名が参加した。fMRI 実験は MRI 装置の中で実施するため，視聴覚の環境が心理実験とは異なっている。また，用いるモニタとヘッドホンも異なる。そこで，Tanaka et al. (2010) と同じ動画をもとに，MRI 装置内での表情と音声の感情判断の難度が同程度になるように，表情にノイズを重畳して加工した動画を実験刺激として用いた。計測には生理学研究所の 3 テスラ fMRI スキャナ (Siemens Allegra) を使用した。実験参加者は MRI 装置内で，顔注意課題と声注意課題の 2 つの課題をおこなった。顔注意課題では声を無視して顔の表情を判断し，声注意課題では顔を無視して声の表す感情を判断した。MRI の撮像

音は音声の判断に影響するため，音声刺激呈示中は撮像をおこなわず，無音区間に撮像した。日本人およびオランダ人刺激の両方をすべての実験参加者に呈示した。

　まず，fMRI 撮像時の行動データを分析した。日蘭全参加者の正答率について分析した結果，顔課題と声課題のいずれにおいても，不一致条件より一致条件の正答率が高かった。また，（一致時の正答率 ─ 不一致時の正答率）を指標として（以下では「行動一致性効果」と呼ぶ），顔課題と声課題のそれぞれにおける日蘭のパフォーマンスを分析したところ，先行研究と同様に交互作用が確認された。つまり，顔と声の感情知覚の心理学実験で文化差を報告した先行研究 (Tanaka et al., 2010) と同様に，日蘭で行動一致性効果が異なるという重要な結果が再現された。

　次に，脳活動データについて，関心領域（ROI）にフォーカスした解析をおこなった。ROI としては，左右両半球の BA17（一次視覚野：V1），BA41（一次聴覚野：A1）を設定した。一次聴覚野や一次視覚野といった初期感覚野に着目した理由は以下のとおりである。先行研究から，辺縁系およびその近傍領域において，感覚モダリティを問わない感情価表象が存在することが示唆されている (Peelen et al., 2010)。また，感情処理のキーとなる辺縁系領域である扁桃体において，ネガティブ表情認知が文化による影響を受けることが報告されている (Chiao et al., 2008; Harada et al., 2020)。一方，感覚刺激の感情価は初期感覚野においてすでにコードされているとの知見もある (Miskovic & Anderson, 2018; Shinkareva et al., 2014)。Miskovic and Anderson (2018) は，辺縁系と初期感覚野は感情判断において異なる役割を果たしている可能性を指摘している。したがって，辺縁系と同様に，初期感覚野における多感覚感情知覚に関連する処理も，文化による影響を受ける可能性がある。

　全参加者を含めたグループ解析として，課題（顔，声）×一致

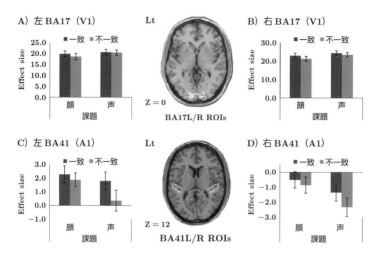

図 5.4 　一次感覚野における一致条件および不一致条件での脳活動
（Tanaka, Takagi et al., 2020 のデータをもとに作成）

性（一致，不一致）の ANOVA をおこなった。その結果，V1 では両側ともに一致性の主効果が有意であり，一致条件と比べて不一致条件で活動量が低下した。この傾向はとりわけ顔課題で顕著であった。一方で，A1 でも両側ともに一致性の主効果が有意であり，一致条件と比べて不一致条件で活動量が低下した。この傾向はとりわけ声課題で顕著であった。つまり，おおむね判断に必要な感覚情報を分析する脳領域（顔判断は視覚野，声判断は聴覚野）において，視聴覚の感情情報の一致性効果が見られた（図 5.4）。この結果は，特定の感覚モダリティからの情報を分析すると考えられてきた一次感覚野において，他の感覚モダリティからの入力による影響が生じていることを示しており，大変興味深い。こうした現象自体は，ダブルフラッシュ錯覚によって V1 の活動が変化する（Watkins et al., 2006, 2007），あるいはマガーク刺激によって聴覚野の活動が変化する（Erickson et al., 2014; Okada et al., 2013）といった先

行研究でも報告されている。今回の実験結果によって，感情知覚においても同様の現象が確認されたことになる。この結果は，感覚刺激の感情価は初期感覚野においてすでにコードされているとの知見 (Miskovic & Anderson, 2018; Shinkareva et al., 2014) とも整合する。課題非関連な感覚モダリティからの入力がどのような経路で初期感覚野に到達するのかはまだわからない点も多いが，顔判断時には課題非関連な聴覚入力が一次聴覚野で解析され，一次視覚野に直接 (Falchier et al., 2002)，あるいは pSTS など多感覚統合を担う部位を経由して (Calvert et al., 2000; Wright et al., 2003; Nath & Beauchamp, 2012; Stevenson et al., 2011)，伝達された可能性がある。

　感情知覚に関連する多感覚相互作用が一次感覚野において生じていることがわかったので，次に，一次感覚野の脳活動に文化が及ぼす影響を検討するために，日蘭の参加者群における脳活動を比較した（図 5.5）。解析対象とする脳活動の指標には（一致時の脳活動 ― 不一致時の脳活動）の値を用いた（以下では「脳一致性効果」と呼ぶ）。解析の結果，両側の V1 において，顔注意課題遂行時の脳一致性効果に文化差が見られ，オランダ人では不一致な声からの干渉が生じていた。声注意課題遂行時には，両側 V1 の脳一致性効果には文化差は見られなかった。一方，両側の A1 においては，顔課題・声注意課題遂行時ともに，脳一致性効果には文化差は見られなかった。

　では，こうした脳活動は行動上のパフォーマンスとどのように関連するのだろうか。これを調べるためには，脳活動と行動データの相関を調べれば手がかりが得られるだろう。そこで，行動上の文化差が顕著だった顔注意課題実施時に着目して，脳活動における一致性効果と行動データにおける一致性効果の相関を算出した。

　図 5.6 の A），B) は左右両側 V1 における脳一致性効果と行動一

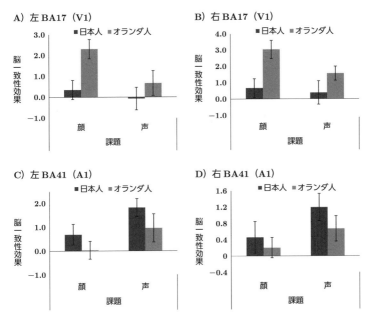

図 5.5　日本人およびオランダ人における脳活動の比較
(Tanaka, Takagi et al., 2020)

致性効果の関係をプロットしたもので，C), D) は左右両側 A1 における脳一致性効果と行動一致性効果の関係をプロットしたものである。どの図からも一見すると，参加者全体としては脳活動と行動に明確な関連性があるようには見えにくい。しかし，日蘭を分けて分析すると，興味深いことがわかった。いずれのグラフでも，日蘭で異なった相関パターンを示しているのだ。

　まず，オランダ人参加者から見ていこう。A1 における脳一致性効果は，行動一致性効果とは相関が見られなかった。一方で，V1 における脳一致性効果は，行動一致性効果と正の相関が見られ，視覚野における脳一致性効果が小さい人ほど，行動一致性効果が小さ

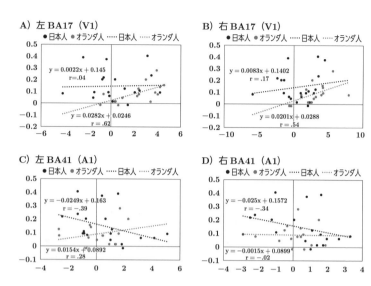

A) 左 BA17 (V1)
B) 右 BA17 (V1)
C) 左 BA41 (A1)
D) 右 BA41 (A1)

図 5.6 日本人およびオランダ人における脳活動と行動成績の相関
(Tanaka, Takagi et al., 2020)

いという関係性があった。V1 の脳一致性効果の大きさが意味することは議論の余地があるが，筆者は声からの干渉の強さと対応していると考えている。逆に言えば，V1 の脳一致性効果の小ささが声からの抑制の強さと対応しているとも考えられるかもしれない。このように，オランダ人では顔の判断をするとき，聴覚野ではなく視覚野の活動が行動のパフォーマンスと関連することがわかった。

続いて，日本人参加者の結果を見ていきたい。A1 における脳一致性効果は，行動一致性効果と負の相関が生じる傾向 ($p < .10$) が見られ，聴覚野における脳一致性効果が大きい人ほど，行動一致性効果が小さいという関係性があった。一方で，V1 における脳一致性効果は，行動一致性効果とは相関が見られなかった。V1 と同様に考えると，顔課題遂行時の A1 の脳一致性効果の大きさは声の抑制の強さと対応していて，抑制するほど顔の判断への干渉が小さく

なる傾向にあると考えられる。このように，日本人では顔の判断をするとき，視覚野ではなく聴覚野の活動が行動のパフォーマンスと関連する傾向が見られた。

　以上の結果をまとめると，顔と声からの感情知覚において，両者が一致しているときと比べて不一致であるときに正答率が低下する。とりわけ，顔注意課題と声注意課題のどちらで正答率の低下が大きいかは，文化によって異なる。こうした行動成績の違いは，感覚野において無視すべき情報をきちんと抑制できているかどうかに依存していて，顔の判断をするとき，オランダ人では視覚野の活動が行動のパフォーマンスと関連し，日本人では聴覚野の活動が行動のパフォーマンスと関連する傾向が見られた。つまり，行動でのパフォーマンスの違いは，ある単一の脳領域の活動量の大小に起因するのではなく，文化的背景によって異なる感覚野がパフォーマンスの違いの神経基盤となっている可能性が示唆される。言い換えれば，顔と声から他者の感情を知覚するとき，日本人とオランダ人では根本的に異なった脳の使い方で不要な情報を抑制している可能性を示しており，非常に興味深い。ROI の設定の仕方などには検討の余地があるため，今後も分析を進めて，このアーカイブ原稿 (Tanaka, Takagi, et al., 2020) を発展させて査読付論文として発表することをめざしたい。

　余談だが，この実験を実施するにあたって，同じ fMRI 装置で日本人とオランダ人のデータを取得したいという思いがあった。こうした脳活動の文化間比較では多くの場合，異なる国で実験を実施する。たとえ同じ機種の MRI 装置を使用したとしても，実際には装置による感度のムラがある。そのため，異なる装置で撮像したデータを比べると，たとえそこに違いがあったとしてもそれが文化差なのか，スキャナの感度の差なのかを切り分けるのが難しいのだ。そこで，オランダ人参加者にも来日してもらい，愛知県岡崎市の生理

学研究所で fMRI 実験をおこなった。来日の際には，セントレア空港のゲート付近で「MRI」と書かれた謎のプレートを手に掲げながらお出迎えした。その後，ツアーコンダクターのように参加者御一行様をマイクロバスに誘導し，岡崎市内のホテルへと案内した。そして，数日待って時差ボケが治ったころに実験に参加してもらった。ずいぶんと手間とお金をかけた実験だったので，何とか意味のありそうな実験結果を得ることができて，ほっとしている。

　ここで紹介した研究のように，心的機能の文化差の神経基盤を探る研究分野として，文化神経科学 (cultural neuroscience) と呼ばれる領域が形成されている。異なる文化的背景をもつ人たちの脳機能の違いを明らかにすることによって，文化がどのような形で，どの程度の深さまで，人間の認知・感情システムに影響するのかという問題に迫ることができる。また，文化を生み出す人間の能力は脳のどの領域によって支えられているのかを知ることで，文化の生物学的起源に迫ることが可能となる。大きな可能性を秘めた領域だと思うのだが，現時点では期待どおりの発展を遂げているとは言いがたい。今後，自分自身もこの領域の発展に貢献できるような成果をあげていきたいし，多くの研究者に参入してほしいと願っている。

5.2　多感覚コミュニケーションの発達

5.2.1　乳児期における視聴覚感情知覚

　ここまでは成人における視聴覚感情知覚とその文化差について，心理学および神経科学の知見を概観してきた。こうした文化差はいつごろからどのように発現するのであろうか。こうした視聴覚感情知覚の成り立ちを理解するうえでは，発達的視点からの研究が重要である。

　まず，乳児は顔と声の感情をいつごろからどの程度知覚できる

ようになるのだろうか。乳児は成人や幼児とは異なり，インストラクションに基づく実験ができないため，実験パラダイムに工夫が必要になる。既存の手法のなかでは，顔と声が示す感情が一致しているか否かを判断するマッチング課題が有力な手法の一つであるといえる。具体的には，乳児に笑顔，あるいは怒っている顔の映像を見せながら，いずれかの声を聞かせ，顔と声の示す感情が一致しているほうを長く見ることができるかを指標にする (Walker-Andrews, 1986)。この方法では，母親など，子どもにとって身近な大人の顔と声を使えばかなり早く，生後3.5か月の子どもですら顔と声の示す感情のマッチングをおこなっている可能性が示唆されている (Kahana-Kalman & Walker-Andrews, 2001; Montague & Walker-Andrews, 2002)。一般的には，生後7か月ごろに安定してモダリティを超えた感情のマッチングが可能になるようである (Walker-Andrews, 1986)。

　また，体勢や，体の動きといった身体表現も，感情を表す視覚情報である。両手を頭の上にあげたり，飛び上がったりすれば喜び，ファイティングポーズのように，こぶしを握り締めては怒りを表す (Atkinson, Dittrich, Gemmell, & Young, 2004)。このような体勢の写真や，体の動きを乳児に見せながら感情音声を聞かせて，マッチングができるかどうかも検討した研究からは，6.5か月児はマッチングが可能で，3.5か月児では失敗することが報告されている (Zieber, Kangas, Hock, & Bhatt, 2014a,b)。

　このように，生後3か月ごろの子どもについては，まだ感情音声を知覚しているという確かな結果は得られていない。初めは身近な人に対してのみ区別をしていたなかで，やがて生後5か月ごろにかけてポジティブな感情とネガティブな感情を知覚する能力が発達する。さらにはポジティブ感情の中での区別や，聞き慣れない他の言語話者の音声へと，より広い対象へと，その感受性が広がって

いく様子が0歳代において見られる。

脳波を計測した研究では，7か月児が「怒り」の感情音声を聞いた際，「喜び」「中立」では見られない，陰性方向にシフトする脳波が観察されている (Grossmann, Striano, & Friederici, 2005)。陰性方向へのシフトは母親の声を聞いたときなど，注意を向けるときに観察されるものであることから，7か月児は「怒り」の感情音声に対して，他の感情音声よりも注意を向けていることが示唆される。また表情と感情音声を見せた際は，感情が一致しているときは陽性方向の成分，不一致のときは陰性方向の成分が観察されている (Grossmann, Striano, & Friederici, 2006)。つまり，7か月児は行動だけでなく，脳活動を指標とした研究からも，異なるモダリティの感情同士が一致しているか否かに気づいていることが示されている。

5.2.2　児童期における視聴覚感情知覚とその文化差

次に，視聴覚感情知覚の文化差がいつごろからどのように生じるのかを見ていきたい。表情と音声を手がかりとした多感覚的な感情知覚における文化差が本当の意味で（遺伝ではなく）「文化差」であるならば，こうした違いは生得的に存在するものではなく，発達に伴い徐々に出現すると考えられる。そこで，日本人とオランダ人の大学生および発達段階にある子どもを対象に実験をおこない，Tanaka et al.(2010) で示された文化差の発達過程を検討した (Kawahara, Sauter, & Tanaka, 2021)。実験1では日本人とオランダ人の5-6歳児，11-12歳児，および大学生を対象とした。実験2では日本人の7-10歳児のデータを追加した。

第4章で紹介した Tanaka et al. (2010) で使用された日本語話者とオランダ語話者の感情表現を収録した動画を，顔にノイズを重畳せずに使用した。実験は多感覚セッションと単感覚セッションから構成された。多感覚セッションでは表情と音声を同時に呈示し，

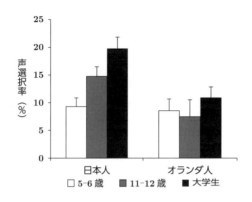

図 5.7 感情知覚発達実験の結果 (Kawahara et al., 2021)

刺激話者の表す感情を判断させた。どちらの感覚情報に注意を向けるかは教示せず，感じるままに判断するよう教示した。単感覚セッションでは表情または音声の一方を呈示し，話者の感情を判断させた。両セッションともに，判断は「喜び」と「怒り」の二肢強制選択であった。動画刺激は，日本人とオランダ人による感情表現を両方用いた。

　顔と声が表す感情が矛盾する刺激に対して音声の感情を選択した割合（以下，「声選択率」）に着目したところ，実験 1 では，大学生ではオランダ人よりも日本人のほうが音声感情を重視する傾向が示された。それに加え，声選択率の比較から，特に日本人は日本語話者刺激の「喜び表情 ＋ 怒り音声」の表現に対して，声に基づいて判断しやすい傾向にあることが明らかとなった。発達的変化に着目すると，声選択率が年齢に伴って徐々に増加することが示された（図 5.7）。この傾向は，日本語話者刺激の「喜び表情 ＋ 怒り音声」の表現において顕著であった。大学生にみられた文化差は 5-6 歳の時点では示されず，実験参加者の文化にかかわらず声選択率は低かった。したがって，5-6 歳ごろの幼少期における感情知覚

は文化によらず，主に表情を手がかりとしておこなわれると考えられる。

これらの結果に基づくと，表情と音声を手がかりとした感情知覚には5-6歳の時点では文化差はなく，顔に着目した判断をしがちであること，そして日本人では児童期において年齢とともに徐々に声優位性が高まり，文化差が形成されていくということが言えるだろう。

5.2.3　養育者との多感覚コミュニケーション

では，こうした文化差は子どもの時期にどのように形成されるのだろうか。日常生活での経験は文化によって異なるため，この違いが文化差につながる可能性がある。「経験」というと幅広いが，コミュニケーションに着目すると，親子間でのコミュニケーションは日常生活における経験の主要なもののひとつであろう。だとすれば，養育者のコミュニケーション様式が，子どものコミュニケーション様式に影響を与えることが考えられる。例えば，養育者が声で感情を知覚しがちな場合，子どもも声で感情を知覚するといった傾向はあるのだろうか。そこで，感情知覚パターンに親子間で関連がみられるかを検討するために，顔と声を手がかりとする感情知覚課題を子どもとその母親に実施した（河原・山本・田中，2018）。

実験には，日本語を母語とする5-12歳児とその母親（平均40.8歳），計224組が参加した。実験では，日本語話者（女性2名）の感情を表した発話が記録された動画刺激を呈示した。参加者には，刺激話者の表す感情を喜びと怒りの二肢強制選択で回答するよう求めた。母子間の声優位性の関連を検討したところ，母子間に有意な正の相関がみられた（子どもの年齢を制御変数とした偏相関係数の結果）。つまり，母親が声の感情を重視しやすいと，子どもも声の感情を重視しやすいという関連性が見いだされた。なお，各年齢

群における母子の相関を求めたところ，特に 7–8 歳で明確な正の相関がみられた。親子間の相関は持続的に存在するわけではなく，7–8 歳の時期にとりわけ明確であった点は興味深い。

　ここまで，乳児，児童，そして大学生を対象とした実験結果を紹介してきたが，生涯発達の視点からは大学生以降の変化も重要な問題である。そこで，30 代・40 代の成人を対象として同様の実験を実施した (Yamamoto, Kawahara, & Tanaka, 2017)。実験の結果，大学生で声優位性がピークに到達した後，30 代・40 代では全体としてやや顔優位にシフトすることがわかった。こうした成人期における顔優位へのシフトの原因としては，加齢による聴力の低下や，養育経験が感情判断に影響を与えている可能性 (Nishitani, et al., 2011) が考えられる。

5.2.4　ウチとヨソをわけるもの

　5.2.2 項では，日本人はオランダ人と比較して声の感情を重視するという文化差は幼児期には存在せず，7–8 歳ごろから顔から声へと情報の重みづけを変化させていくことを紹介した。補足すると，じつはこうした声優位性へのシフトにはもう少し条件があった。第一に，声優位性へのシフトは話し手も聞き手も日本人である場合に顕著である。第二に，聞き手（実験参加者）がオランダ人であっても，話し手（刺激話者）がオランダ人である場合には，話し手が日本人である場合と比べて声優位性が高くなる。言い換えれば，話し手と聞き手が同じ集団（内集団）に属する場合と，異なる集団（外集団）に属する場合では，内集団に対して声優位性が高くなるということである。人間は，身内の声に耳を傾け，よそ者の顔に目を向けているのだ。

　では，私たちはどのような属性を持った人を「内集団」と判断するのだろうか。もちろんさまざまな手がかりが利用可能だと考えら

れるし，世界的には移民が増加し，人口の流動性が高まっている現代において，そもそも「内集団」とは何を指すのか，その要件は何かという問題に対しては多様な議論が可能である。ここでは日本人大学生が「いかにも日本人らしい人々」と「そうでない人々」を識別する際の典型的な要因をいくつか取り上げて検討したい。

まず最初に思いつくのは，相手の見た目が「日本人らしい」ことである。日本は多民族国家であるが，他の国（例えば西欧や北米の諸国）と比べると，単一民族の占める割合が高いことを特徴の一つとして挙げることができる。したがって，「日本人らしい見た目」というとき，多くの人が思い浮かべる姿にはある程度共通点があるだろう。

別の可能性として，相手が話す言語が日本語であることが挙げられる。当然日本人であっても日本語以外を母語とする人々もいるが，日本語を母語とする割合は圧倒的に高く，日本語を流暢に話している人は日本人であるとみなされやすいだろう。

そこで，視聴覚感情知覚における声優位性を内集団の成員だと認識していることの指標としてとらえ，見た目と言語のどちらの要因が声優位性の主たるトリガーになっているのか，そしてその判断は発達のなかでどう変化するのかを検討した (Kawahara, Yamamoto, & Tanaka, 2019)。

実験には，日本人の5-12歳児（168名）と大学生（20名）が参加した。実験刺激として，日本語話者とオランダ語話者（各言語女性2名）の感情を込めた発話動画（怒り，喜び）の映像と音声を，話者の文化（日本語話者，オランダ語話者）内および文化間で入れ替え，映像と音声の話者が別人の刺激を作成した。つまり，映像と音声を日本人同士またはオランダ人同士で入れ替えた文化一致刺激と，日本人（オランダ人）の映像とオランダ人（日本人）の音声の組み合わせになるように入れ替えた文化不一致刺激があった。ま

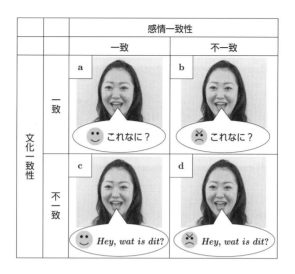

図 5.8　Kawahara, Yamamoto, & Tanaka (2019) の実験で用いられた
　　　　刺激の例

た，上記の刺激には，顔の表情と音声が表す感情が一致しているも
のと，感情が矛盾しているもの（例えば，喜び顔＋怒り声）があっ
た。刺激の組み合わせの例を図 5.8 に示す。

　実験では，刺激の話者が表す感情が喜びと怒りのどちらである
か，二肢強制選択で回答するよう教示した。顔と声の感情が矛盾す
る刺激に対して声の感情を選択した割合（以下，声選択率）を算出
した（図 5.9）。その結果，5-6 歳を除くすべての年齢群で，発話言
語がオランダ語である刺激よりも日本語である刺激に対して声選択
率が有意に高いことが明らかとなった。つまり，言語が声優位性の
主たるトリガーであることが明らかとなったのである。

　それに加えて，発話言語が日本語である場合，11-12 歳と大学生
では，見た目が日本人であるときのほうが声選択率が高いことが示
された。つまり，発達が進むと言語に上乗せする形で，見た目も声

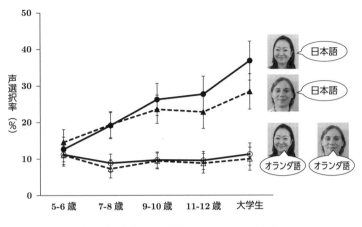

図 5.9 各条件における声選択率の発達的変化
(Kawahara et al., 2019)

優位性のトリガーになってくるということである。

　これらの結果から，日本人は 5-6 歳の時点では話者の見た目や言語によらず，顔の表情を重視して感情知覚をおこなうが，その後は話者の見た目にかかわらず，発話言語が日本語である場合に声の感情を重視するようになっていくことが示されたといえるだろう。

　本節では，実験参加者がどういった文化的背景をもつか（例：日本人，オランダ人）という視点での「文化差」ではなく，実験参加者（聞き手）と実験刺激（話し手）の関係が内集団か外集団かという視点での「文化差」に着目した。このように，視聴覚感情知覚における文化差を検討するとき，じつはいくつかの異なる観点に基づいた「文化差」があるというのは大切な点である。

5.2.5　多感覚コミュニケーションにおける感情と音韻の関係

　他者とのコミュニケーションでは，相手が何を話しているかを表す音韻情報に加えて，相手がどのような気持ちでいるかを表す感情

情報を適切に知覚することが重要である。音韻情報は音声のみならず，唇の動きによっても伝えられる。感情情報は話者の表情のみならず，声色によっても伝えられる。このように，感情と音韻は異なる種類の情報であるものの，いずれも対人コミュニケーションにおいて重要であり，他者の顔がもたらす視覚情報と，音声という聴覚情報を統合することによって成り立つという点で共通しているといえる。では，音韻情報と感情情報の視聴覚統合プロセスは共通しているのだろうか。それとも独立しているのだろうか。これは多感覚コミュニケーションを支える認知メカニズムの全貌を理解するためには重要な問題である。

　先行研究では，音韻 (Sekiyama & Tohkura, 1991) と感情 (Tanaka et al., 2010) のいずれでも，日本人が欧米人に比べて聴覚情報を重視することが明らかにされている。音韻と感情は異なる種類の情報であるにもかかわらず，いずれも聴覚を重視するという点で共通しているのは興味深い。まず考えられるのは，感情と音韻では視聴覚統合のプロセスが共通している可能性である。一方で，あくまでもこれらのプロセスは独立しているものの，何らかの共通要因によって同様の傾向が生じている可能性も考えられる。

　そこで，このどちらの可能性が正しいのかを明らかにするため，顔と声による音韻判断と感情判断の発達パターンを比較した。具体的には，5歳から12歳までの日本人を対象に，感情知覚と音韻知覚において，聴覚情報への重みづけが年齢とともにどのように変化していくかを検討した (Yamamoto, Kawahara, & Tanaka, 2020)。実験の結果，感情知覚課題では，児童期に徐々に聴覚情報に対する優位性が上昇していくことが明らかになった。一方，音韻知覚課題では，児童期には視覚情報に対する優位性に発達的変化が見られなかった（図 5.10）。このように，音韻知覚と感情知覚の発達パターンからは感情知覚と音韻知覚で視聴覚統合のプロセスにおける共通

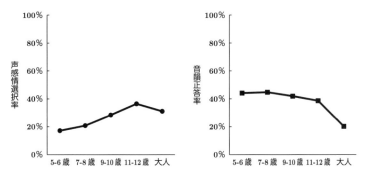

図 5.10　感情知覚および音韻知覚における声依存性の発達的変化
(Yamamoto et al., 2020)

性は見いだされなかった。この結果は，感情と音韻はいずれも対面コミュニケーションにおいて，顔と声の情報を統合するという点で類似しているものの，その統合プロセスは独立していることを示唆している。

　音韻情報と感情情報の視聴覚統合は独立しているにしても，私たちはコミュニケーションのなかでは両方の情報を受け取る必要がある。ただし，どちらの情報を読み取ることが重要であるかは，時々刻々と変化する。例えば，相手が何を言っているかを正確に聞き取りたい場面もあれば，相手の感情に細心の注意を払う必要がある場面もある。では，言語情報をより正確に受け取りたいときにはいったい何に注意を向けるのが効率的であろうか。声に注意を向けることは言うまでもないが，顔のなかではどのパーツに注意を向ければよいのだろうか。また，感情情報をより正確に受け取りたいときはどうだろうか。

　こうした問題を検討するために，同じ話者の同じ発話に対して，音韻知覚を求める課題と感情知覚を求める課題を別個に実施し，課題遂行中の視線を計測する実験をおこなった (Yamamoto, Kawahara, & Tanaka, 2019）。実験では，日本人の成人および子ども（5-8 歳の低年齢群，9-12 歳の高年齢群）を対象に，顔と声からの感情判断課題および音韻判断課題を実施した。実験の結果，感情判断課題では，すべての年齢群で口よりも目を長く注視していた。ただし，低年齢群では発話中に目を注視する時間が短かった。一方，音韻判断課題では，すべての年齢群で感情判断課題よりも口を長く注視していた。ただし，低年齢群では発話中に口を注視する時間が短かった。つまり，言語を聞き取りたいときには口元に，感情を読み取りたいときには目元に視線がシフトすることがわかった。このような視線シフトは小学校低学年では明確ではないが，小学校高学年，大学生と発達するにつれて明確になっていた。

このように，注視する部位を適応的に変えることで，私たちはコミュニケーションのなかで必要とする情報を効率よく受け取ることができているといえる。ただし裏を返せば，言語情報と感情情報は「あちらを立てればこちらが立たず」の関係にあるともいえるだろう。いずれにせよ，こうした注視パターンの変化がどのように多感覚知覚の発達につながるのかは興味深い問題である。

5.2.6　まとめ

ここまで，顔と声による言語と感情の知覚の発達過程に関する一連の研究を紹介してきた。やや込み入った問題にも言及したため，話が長くなってしまったので，改めて結果をまとめると以下のようになる。

視聴覚感情知覚の文化差は児童期に形成される。文化差は日常生活での経験によって形成されると考えられ，親子間でのコミュニケーションもその一つである。養育者が声で感情を知覚しがちな場合，子も声で感情を知覚する傾向がある。その傾向は持続的ではなく，7-8 歳の時期にとりわけ明確な親子間相関がみられる。日本

人の声優位性は大学生ごろにピークに到達した後，30代から40代では全体としてやや顔優位にシフトする。また，視聴覚感情知覚における声優位性はとりわけ内集団において顕著である。他者（話し相手）が内集団であるか，外集団であるかの主要な手がかりとして顔と言語があるが，言語が受け手と共通していると声優位性が高まる。他者とのコミュニケーションでは言語情報（音韻，意味など）と非言語情報（感情など）が伝達されるが，言語と感情の視聴覚統合プロセスは独立である。必要な情報を効率よく視聴覚統合するために，言語を聞き取りたいときには口元に，感情を読み取りたいときには目元に視線がシフトする。こうした視線シフトは大人になるにつれて明確になっていく。

　このように，子どもはそれぞれの文化において他者と適切にコミュニケーションできるようになるために，発達段階によって適宜重要性の高い情報への重みづけを高める形で適応的に多感覚コミュニケーションの様式を変化させながら，大人になっていくのである。

5.3　多感覚コミュニケーションの比較認知科学

5.3.1　感情の適応的意義

　ここまで，ヒトにおける感情知覚に関する研究を概観してきた。ここでは，あらためて感情は何のために存在するのかを考えてみたい。ダーウィンの『The Expression of the Emotions in Man and Animals』(1872) 出版以来，ヒトを含めて動物が感情をもつことには適応的意義があると考えられてきた。恐怖や怒りといったネガティブ感情をもつことで，個体が脅威にさらされたときに迅速に逃走あるいは闘争の準備をすることができる。喜びなどのポジティブ感情は，食べ物への探索や接近といった行動を促進する。このように，感情をもつことは個人内での生存にとって重要な意味をもって

いるといえる。

　また，ヒトを含む多くの動物は社会を形成し，他個体と共存して生活している。こうした社会的動物にとって，他個体の感情を知覚することは重要である。ヒトと同様，他の動物種においても感情は顔の表情，身体表現，音声など，複数のチャンネルから表出される。他個体の感情を知覚し，それに応じて適切な行動をとることで，他個体と適切に関係を構築し，維持することができる。

　ヒトを含むいくつかの動物においても，顔の表情，身体表現，そして音声は，感情を知覚する際の手がかりとなる。ヒトの顔の各部位は，最大限効率的に感情を伝達できるように進化してきたと考えられている。例えば，白目の部分は他の種よりも大きく，感情や視線が最大限伝わりやすい。唇や眉毛も感情伝達に有利になるような形態学的特徴を備えている。

　こうした感情の知覚と表出を支えるメカニズムについては，その進化的起源も明らかにされていない点が多い。感情の進化的起源を探ることは，究極的にはヒトが複雑な社会をどう生き抜いてきたのかを理解し，そして今あるような形での協同，コミュニケーション，共感といった社会性を獲得するに至った筋道を理解することへとつながるだろう。こうした感情の進化を探る手がかりの一端として，感情の多感覚コミュニケーションに関する比較認知科学研究を概観したい。

5.3.2　同種他個体における感情知覚

　まず，動物は顔または声単独の情報をもとに，他個体の感情を知覚できるのだろうか。ヒト以外の動物を対象とした同種他個体の感情知覚に関する研究からは，いくつかの種で顔や声から他個体の感情を知覚できることが示されている。Parr, Hopkins, and de Waal (1998) は見本合わせ課題を用いて，チンパンジーが同じ感情を表

した他個体の写真を適切に選択できることを報告している。このほか，イヌでは顔の表情から同種の他個体の感情を知覚できること，アカゲザル (Gouzoules et al., 1984) とラット (Nakashima et al., 2015) では，声から同種の他個体の感情を知覚できることを示唆する結果が報告されている。

　では，多感覚的な感情知覚についてはどうだろうか。顔と声のマッチング課題を用いた研究から，チンパンジー (Izumi & Kojima, 2004)，アカゲザル (Ghazanfar & Logothetis, 2003)，イヌ (Albuquerque et al., 2016) は，同種他個体の感情をクロスモーダルに知覚できることが報告されている。Izumi and Kojima (2004) は，見本合わせ課題を用いて，チンパンジーが種特異的な音声（例：挨拶や他個体への反応として表出される pant-hoot と呼ばれる音声）と，その音声を発しているときの表情動画を用いた実験から，刺激ペア3組中2組において正しく顔と声をマッチングできることを報告している。この結果は，チンパンジーが感覚モダリティを超えた感情の表象をもっていることを示唆している。

　このようにモダリティをまたがるクロスモーダルな知覚については検討されているが，複数モダリティ情報を同時に呈示した際のマルチモーダルな知覚については検討されていない。

5.3.3　異種他個体における感情知覚

　多くの動物にとって，コミュニケーションの相手は同種他個体であることが多い。しかし，ヒトはイヌやウマといった家畜動物ともコミュニケーションをとることがある。また，家畜動物以外でも（現代社会においてはあまり想像しにくいが）森で危険な動物に遭遇したときなど，生命を脅かしうる動物の発するシグナルを適切に知覚することが生存に有利になる場面もありうるだろう。ヒト同士では言語によるコミュニケーションが可能であるが，異種間では不

可能であり，非言語コミュニケーションに依存することになる。このように異種間においても，他個体の行動を予測したり，自身の行動を調整したりするために，他個体の感情を知覚することは適応的であろう (Müller, Schmitt, Barber, & Huber, 2015)。では，ヒトと動物は異種間においても他個体の感情を知覚できるのだろうか。

　チンパンジーはヒトと生活環境を共にしていないが，系統発生的にもっとも近縁な種であり，形態学的にも表情が類似しているため (Parr & Waller, 2006)，異種他個体の感情知覚を検討するのに適している。川瀬・足立・田中 (2017) は，ヒトがチンパンジーの顔および声からそれぞれ感情を知覚できるかを検討した。実験参加者は，チンパンジーがポジティブ (food call) またはネガティブ (display, scream) な感情を表出した顔（31 種類）および声（26 種類）に対して，感情価を 5 件法で判断した。その結果，ヒトはチンパンジーの顔，声ともに，ネガティブ表現をネガティブであると判断する一方，顔についてはポジティブ表情もネガティブに判断する傾向が見られた。この結果は，形態学的類似性は必ずしも異種他個体の感情知覚に有利に働かないことを示唆しているだろう。

　次に，ヒトと動物は異種間においても他個体の感情を多感覚的に知覚できるのだろうか。Kawase, Adachi, and Tanaka (2017) は，ヒトがチンパンジーの表情と音声の感情をマルチモーダルに知覚できるかを検討した。川瀬・足立・田中 (2017) で用いられたチンパンジーの感情表現のうち，参加者によってポジティブおよびネガティブと正しく評定された刺激を用いた。実験では，表情と音声の感情価が一致している刺激と一致していない刺激が呈示された。参加者には，声を無視して，顔の表情をネガティブかポジティブの二択で回答するよう教示した。実験の結果，チンパンジーの表情を単感覚的に正しく知覚できる参加者群（単感覚顔判断の正答率 75% 以上）のみ，表情と音声の一致性効果が確認され，ヒトはチンパンジ

ーの感情表現に対しても自動的に多感覚相互作用が生じることがわかった。また，課題遂行中の視線を分析すると，ヒトの表出に対してはポジティブ・ネガティブどちらの感情においても目領域を注視したのに対し，チンパンジーの表出に対してはポジティブ感情においてより口領域を注視した。つまり，顔感情を判断するとき，同種と異種では異なる部分を注視している可能性が示唆される。これらの実験から，ヒトは異種の感情をヒトとは異なった方略で認知しており，ヒトがチンパンジーの顔と声による感情表現を知覚する際，チンパンジーの顔の表情をある程度知覚できる参加者とできない参加者が存在するものの，表情を知覚できる参加者の場合，ヒトの感情表現の場合と同様の視聴覚相互作用が生じることがわかった。

　では，ヒトと共存する動物との間での異種間感情知覚はどうであろうか。イヌはヒトと系統発生的には遠く，形態学的にも類似しているとは言いがたいが，ヒトと生活環境を共にしている。イヌはヒトによって約 1 万 2000 年前から 3 万 3000 年前に家畜化されたといわれており (Davis & Valla, 1978; Ovodov et al, 2011)，その過程で高い社会的認知能力を獲得したと考えられている (Miklósi, Topál, & Csányi, 2007)。

　Flom, Whipple, and Hyde (2009) は，ヒト乳児がイヌの表情と音声の感情をクロスモーダルに知覚するかを選好注視法を用いて検討している。実験の結果，6 か月児は音声と一致した表情を長く注視することが示され，ヒト乳児は，イヌの表情と音声をクロスモーダルに知覚していることが示唆された。

　Kawase, Tanaka, and Takimoto (2018) は，ヒトがイヌの感情を顔および声からマルチモーダルに知覚できるかを検討した。実験刺激として，ヒトおよびイヌの感情表現を収録した動画を呈示した。マルチモーダル課題では顔と声の動画を呈示した。単感覚課題では，顔のみ（声なし）または声のみ（顔なし）を呈示した。顔と

声の感情表現は，それぞれポジティブ感情およびネガティブ感情の2種類があった。マルチモーダル課題では，顔と声の感情が一致した試行と不一致の試行があり，実験参加者はセッションによって顔または声のいずれかに注意を向けるように教示された。実験の結果，マルチモーダル課題では顔と声の一致性効果が確認され，イヌの感情表現に対しても自動的に多感覚相互作用が生じることがわかった。飼育経験の影響はマルチモーダル課題では見られなかったが，単感覚課題では飼育経験者のほうがイヌの表情知覚が正確であった。

5.3.4 まとめ

比較認知研究から，多感覚的な感情知覚は近縁種であるチンパンジーにおいてもみられることがわかった。また，ヒトとチンパンジー，ヒトとイヌの異種間でも多感覚的な感情知覚は生じることが明らかとなった。

今後，ヒトにおけるチンパンジーとイヌの感情知覚を比較していくことで，異種に対する感情知覚では生活環境の近さが重要なのか，あるいは形態学的類似性が重要なのかを検討することができるだろう。上記の研究では，ある程度正答率が高くなる刺激を選定したうえで研究しているが，そもそもさまざまな刺激からどの程度感情を知覚できるのかを検討することも重要であろう。

また，今後はチンパンジー以外の近縁種として，ボノボを対象とした研究が望まれる。ボノボは感情，社会性，そしてそれらを支える神経基盤と顔面筋がヒトともっとも類似した種であるからである。チンパンジーもボノボと同程度にヒトと遺伝子的に近縁であるが，ボノボのほうが，より感情に関わる神経系が発達している。また，顔のみならずジェスチャーや声からも感情を豊かに表出するといった特徴を有しており，社会性を検討するうえではメリットが大

きいだろう。

5.4　多感覚コミュニケーションとロボット

Pepper (SoftBank) や aibo (SONY) の登場によって，人間とコミュニケーションをとることのできるロボットが身近になってきている。本節では，人間がロボットをどのように認識し，それをどのように行動につなげるのかを検討した研究を紹介する。

5.4.1　人間はロボットをどう認識するのだろうか

人間はロボットをどう認識するのだろうか。この問いは細かく分けていくとさまざまな興味深い問いに分割できる。

・人間はロボットを「人間のようなもの」として認識しているのだろうか。
・ロボットに心や感情があると認識しているのだろうか。
・ロボットが感情を表現した場合，どの程度知覚できるのだろうか。また，そのとき何を手がかりとしているのだろうか。

人間が他者とコミュニケーションするときの要件として，相手をエージェントと認識し，相手の発話内容や意図や感情を理解し，また自身の発話や感情を相手に伝えることを挙げることができる。とりわけ，ロボットとの間に社会的関係を形成できるのかを考えるうえでは，ロボットとの感情のコミュニケーションについて研究することは大切であろう。そこで本節では，とくに人間がどのようにロボットの感情を読み取るのかに着目する。そして，それがどのようにロボットへの社会的行動につながるのかを考える。

コミュニケーション・ロボットは，何らかの形で感情を表現できるように設計されていることが多い。例えば Pepper では，ジェス

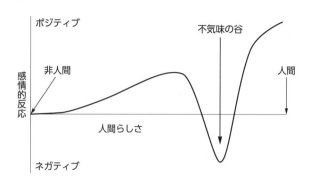

図 5.11　不気味の谷（森，1970）

チャーなどの身体運動によって感情表出が可能である。声による
感情表出も多くのロボットが取り入れている。顔の表情による表
出が可能なロボットもあるが，スクリーン上の顔に表情をつけるの
ではなく物理的に表情を作ろうとすると，「不気味の谷」（図5.11）
を超えることが難しい。

　なお，「不気味の谷」とは，ロボット工学者の森政弘氏が1970
年に提唱した考え方である。ロボットが完全に機械的な存在から
人間と完全に同じ存在までの連続体のどこかに位置づけられる場
合，ロボットが機械から人間に近づくにしたがって，観察者（人
間）がロボットに対して抱く感情はポジティブになっていく。しか
し，完全に人間と同一の存在になる手前には「谷」があり，「人間
に近いけど異質な存在」ととらえられてしまい，ネガティブな感情
を抱いてしまう。これが「不気味の谷」である。Pepperは，表情
の代わりに目の色によって感情を表現している。不気味の谷を超え
ようとするよりも，むしろその手前に位置づけることで，人間に一
定のポジティブ感情を誘発しようという意図で設計されたととらえ
ることができるだろう。

　では，ロボットが表出した感情を人間が認知することは可能なの

だろうか。ヒューマノイドロボットの顔の表情，身体表現，音声による感情表出とそれに対する人間の感情知覚については，すでに検討が進みつつある。

McColl and Nejat (2014) は，ヒューマノイドロボット (The Social Robot Brian 2.0) を用いて，8種類の感情を表出した身体表現 (sadness, elated joy, anger, interest, fear, surprise, boredom, happiness) が，それぞれロボットの表出したとおりの感情として人間に正しく知覚されるかを検討した。その結果，interest と fear を除く感情において正答率がチャンスレベル（偶然でも正答できる確率）を上回り，全体的に人間はヒューマノイドロボットの身体表現から感情を知覚できることが示された。

また，人間がもつ色と感情の結びつきを利用して，ロボットの頭部や目から発光された色を手がかりに，人間がロボットの感情を読みとれることが示されている（山内・寺田・伊藤，2011；寺田・勅使・伊藤，2014）。

このように，顔の表情，目の色，身体表現，音声といった単一の情報を手がかりにした場合に，人間はヒューマノイドロボットの表した感情を認知できるようである。では，人間はロボットの多感覚的な感情表現をどのように知覚するのだろうか。人間同士の場合と同様に知覚するのだろうか。第4章でみたように，顔と声の表現のバリエーションには限りがあっても，組み合わせを活用することで複雑な感情を表現できる可能性をもつ。しかしながら，こうした点についてはいまだ検討が進んでいない。

5.4.2　人間はロボットの感情を多感覚的に知覚するか

そこでその第一歩として，Pepper を用いて，ロボットが多感覚的に表出した感情を人間がどのように認知するのかを検討した研究を紹介する。

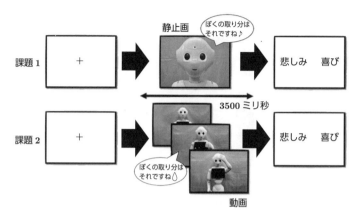

図 5.12　ロボットに対する視聴覚感情知覚の実験手続き（河原ら，2021）

　河原・澤田・田中 (2021) は Pepper を用いて，日本人女子大学生を対象に，ロボットが多感覚的に表出した感情を人間がどのように認知するのか検討した。実験に先立って Pepper の目の色または身体動作を用いた感情表現，および音声を用いた感情表現を作成し，動画に収録した。目の色は，喜びは黄色，悲しみは青色を用いた。身体表現は，喜びは右手でガッツポーズをする動きと，上を向いて両手を広げる動きを用いた。悲しみは両手で頭を抱える動きと，うつむいて左手を額に当てる動きを用いた。音声は，「ぼくの取り分はそれですね」というセリフを，喜びと悲しみの感情を感じられるようにピッチと話速を操作した音声を使用した。目の色，身体動作，音声からの感情の読み取りやすさを揃えるために，それぞれ単独呈示したときの正答率が約 80％となるように選定したうえで，それらを組み合わせて刺激を作成した。課題 1 では，目の色（喜び，悲しみ）と音声（喜び，悲しみ）を組み合わせた感情表現を収録した動画を呈示した。課題 2 では，身体動作（喜び，悲しみ）と音声（喜び，悲しみ）を組み合わせた感情表現を収録した動

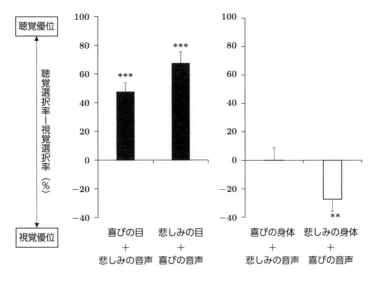

図 5.13　ロボットの視聴覚感情表現に対する人間の感情知覚（河原ら，2021）

画を呈示した（図 5.12）。

　実験の結果を図 5.13 に示す。目の色と音声の組み合わせの場合，音声（聴覚）を重視してロボットの感情を判断することが明らかとなった。一方，身体動作と音声の組み合わせの場合，全体としては音声（聴覚）よりも身体動作（視覚）が表す感情が重視される傾向がみられた。感情の組み合わせによっても結果が異なっており，悲しみの身体動作と喜びの音声の組み合わせでは，身体動作が重視された。音声や身体動作はロボットと人間に共通する表現であるのに対し，目の色は人工的な表現である。課題 1 では目の色よりも音声，課題 2 では音声よりも身体動作が優先されたことから，ここでは図 5.14 のようなロボットに対する感情知覚モデルを提案したい。人間はロボットによる感情表現（ここでは目の色，身体動作，声）をそれぞれ知覚した後，まずそれらの表現が人間と共通する表

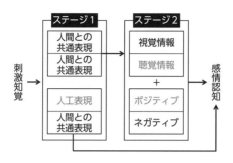

図 5.14　ロボットの感情表現に対する人間の感情知覚のモデル（河原ら，2021）

現なのか，人工的な表現なのかを判断する。ここで，同時に呈示された 2 つの手がかりのどちらか一方が人間との共通表現であれば，そちらの手がかりが示す感情がロボットの感情として優先される（ステージ 1）。2 つの手がかりがどちらも人間との共通表現である場合は，次の段階に判断が持ち越され，感覚情報の重みづけ（視覚情報が聴覚情報より優先）と，感情価の判断（ネガティブ感情がポジティブ感情より優先）がなされたうえで，優先される感情が決定する（ステージ 2）。

Tsiourti et al. (2019) は，より複雑な状況設定を用いて，ロボットの音声と身体動作からの多感覚的な感情知覚について検討している。実験では，感情（喜び，悲しみ，驚き）を喚起する動画を参加者に視聴させた後，ロボットがその動画に対して感情を表出している様子を呈示し，ロボットの表した感情を回答させた。実験には以下の 3 つの条件があった。感情一致条件では，動画の内容とロボットの表出した感情が一致していた。例えば，悲しみの動画に対してロボットが悲しみの音声と身体動作を表出するような条件である。文脈不一致条件では，動画の内容とロボットの表出した感情が不一致であった。例えば，悲しみの動画に対してロボットが喜びの感情を音声と身体動作で表出するような条件である。モダリ

ティ不一致条件では，ロボットの音声と身体動作の表す感情が不一致であった。例えば，悲しみの動画に対してロボットが音声では喜びを，身体動作では悲しみを表出するような条件である。実験の結果，文脈不一致条件，モダリティ不一致条件のどちらにおいても，感情一致条件よりも判断精度が低下するが，特にモダリティ不一致条件で正答率が低下した。モダリティ不一致条件の結果は，河原ら (2021) の結果と同様，人間がロボットの感情表現の不一致による影響を受けることを示唆している。また，文脈不一致条件の結果は，ロボットの感情を認知するときには視覚や聴覚を通して得られる感覚情報のみならず，文脈情報も利用していることを示している。なお，ロボットに対する印象評定は，文脈・モダリティどちらの感情不一致によっても低下しており，モダリティ間の不一致や文脈との不一致は，印象自体にネガティブな影響を与えるようである。

5.4.3 ロボットの感情を読み取ることで
ロボットに対する行動は変化するか

　ここまで，人間は人間やいくつかの動物種の感情だけではなく，ロボットの感情表現をも読み取れることを述べた。現実場面では，感情の読み取りはそれ自体が目的であるというよりも，相手に対して適切な行動をとるために必要な手段であるという側面が大きい。例えば，近くに怒っている人がいれば避ける，というように相手の感情を知覚することで，自身の次の行動を変化させる。それでは，人間がロボットの感情を読み取ったとき，それに応じて行動を変化させることはあるのだろうか。

　さまざまな行動のなかで，ここでは向社会的行動に着目する。向社会的行動とは，さまざまな動機に基づいて自発的に他者を助けたり，他者に恩恵を与えたりする行動のことである (Eisenberg & Mussen, 1989)。向社会的行動のなかでも，自分がコストを負う代

わりに他者にとって利益になる行動のことを，利他行動という。

　それでは，人間がロボットを相手にした場合にも利他行動は生じるのだろうか。寺田・勅使・伊藤 (2014) は，最後通牒ゲームを用いて，小型ヒューマノイドロボット (NAO) の感情表現が人間の利他的行動に及ぼす影響を検討した。最後通牒ゲームとは 2 人のプレイヤーで資金を分けるゲームである。プレイヤーの 1 人（提案者）が資金の範囲内で任意の配分額をもう 1 人のプレイヤー（応答者）に提案する。応答者は，提案者の提案に対して拒否権をもつ。応答者が提案に応じれば，両者それぞれが提案者の提案した配分額を受け取れるが，応じなければ両者ともに取り分はなくなる。寺田らは，このゲームにおいて実験参加者がロボットに配分した金額を利他行動の指標とした。参加者を提案者，ロボットを応答者として実験をおこなった。ロボットは提案を受けると，喜びまたは悲しみの感情を目の色によって表現した。実験の結果，ロボットへの平均配分額は，ロボットが感情表現するときに上昇した。このことから，ロボットの感情表現が人間の利他的行動を引き出すことが示唆された。

　では，ロボットが身振りでは喜びを表現するが，声では悲しみを表現するといった具合に，複数の感覚モダリティで表出される感情が一致しない場合には，いずれの感情が利他行動に影響するのだろうか。澤田・田中 (2019) は，相手が人間である場合とロボットである場合で人間の利他行動は同じように生起するのか，また相手が複数の感覚モダリティから矛盾する感情を表現した場合に，どのように感情を認知し，利他行動が生じるのかを検討した。利他行動を調べる課題として，被配分者が配分者の呈示した金額に対して拒否権のない独裁者ゲームを改変した課題を用いた。最後通牒ゲームは配分額を呈示された相手である応答者に拒否権があるため，純粋な人間の利他行動を調べることができない可能性があるためである。

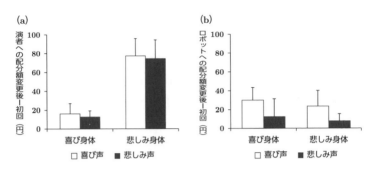

図 5.15　独裁者ゲームにおける (a) 人間に対する反応，(b) ロボットに対する反応
（澤田・田中，2019）

　実験 1 では，実験参加者を配分者，サクラ（人間）を被配分者
として，独裁者ゲームをおこなった。ゲーム開始後，被配分者が
自己紹介をおこない，その後ゲームマネー 1,000 円の中から被配分
者に渡す初回配分額を配分者に回答させた。被配分者は初回配分
額に対して，身体（喜びまたは悲しみ）および声（喜びまたは悲し
み）で感情を表現した。その後，参加者は変更後配分額を回答し
た。被配分者が退出した後，被配分者から感じた感情などについて
尋ねた。変更後配分額から初回配分額を引いた差額を利他行動の指
標とした。実験の結果，人間は相手の声の表す感情にかかわらず，
身体で悲しみを表現したとき利他行動をとることが示された（図
5.15(a)）。

　実験 2 では，実験参加者を配分者，Pepper（ロボット）を被配
分者として，実験 1 と同様の独裁者ゲームをおこなった。実験の
結果，ロボットの表現した感情表現の条件によって利他行動に違
いはみられなかった（図 5.15(b)）。また，予想外であったが興味
深いことに，感情表現の条件によらず，人間がロボットの表現から
悲しみを感じた場合に利他行動をとりやすいことがわかった。つ
まり，ロボットが相手の場合は，相手の「示した」感情にかかわら

ず，それを人間自身がどう「感じた」かが利他行動に影響を及ぼすと考えられる。この実験では，参加者には配分後に相手の感情を尋ねているため，こうした感情がどの段階で生まれたのかは確認できない。一つの解釈として，相手がロボットである場合，人間は配分額を決めた後に後付けでロボットの感情を「感じて」（決めて）いる可能性を指摘したい。つまり，配分額を下げたときは「ロボットは喜んでいた」と後付けで解釈し，「喜んでいたから配分額を下げたのだ」という形で，相手の感情と自身の行動に整合をとる。逆に配分額を上げたときは「ロボットは悲しんでいた」と後付けで解釈し，「悲しんでいたから配分額を上げたのだ」ととらえるのではないだろうか。今後検討したい点である。

このように，人間に対する場合とロボットに対する場合では，相手の感情表現が人間の利他行動に与える影響が異なることがわかった。

5.4.4 まとめ

本節では，人間とロボットの多感覚コミュニケーションについて，人間がロボットをどう認識するのかという視点からの研究を紹介した。人間は相手が人間や動物であるときと同じく，ロボットが相手でも多感覚的に感情を読み取るが，その様式は相手が人間のときとは異なっているようである。また，読み取った感情と行動の関係も相手が人間とロボットの場合では異なるようだ。

本節では紹介しきれなかったが，ロボット工学の分野ではロボットが人間をどう認識するのかが研究されている。音声認識は Siri（Apple 社）などを通して身近になっており，認識精度も以前と比べると格段に向上している。感情認識に関する研究も進んでいるが，今後は人間における知見も取り入れて，表情・音声・ジェスチャーなど単体よりもそれらが組み合わせることで認識精度を高める

のみならず，第4章で紹介したような複雑な感情を読み取れるようなマルチモーダルな感情認識技術の研究が進んでいくことが期待される。また，ロボットは人間にアニマシー（生き物らしさ）を感じることができるか，ロボットは心の理論をもつことができるか，そしてロボットは人間に共感することができるかといった観点からの研究も進められていくことが望まれる。

5.5　触覚による感情コミュニケーション

　ここまでは，視覚と聴覚による感情のコミュニケーションに着目してきた。これら2種類の感覚モダリティが感情のコミュニケーションで重要な役割を果たしていることは言うまでもない。しかし，これら以外の感覚モダリティも感情のコミュニケーションに関与していることも事実である。私たちは他者に触れることで気持ちを伝えようとすることもあるし，フェロモンという形で嗅覚によって感情を伝達する動物種もある。これまでの視覚と聴覚の比較だけからでも，感覚モダリティによって伝えやすい感情と伝えにくい感情があることが示されている。では，触覚による感情コミュニケーションはどのような特徴をもつのだろうか。素朴に考えても，触覚という感覚モダリティは，視覚や聴覚と比べてさまざまな特徴がある。触覚で何かを伝えるには相手との接触が不可欠だし，そのためには必然的に二者間の距離も近くなる。また，嫌いな人にはそもそも触れることは少ないだろう。本節では，触覚による感情コミュニケーションの研究を紹介する。触覚との比較を通して，視覚や聴覚の特徴を再度浮き彫りにすることも試みたい。

5.5.1　触れることによって他者に感情は伝わるのだろうか

　そもそも，触れることによって他者に感情は伝わるのだろうか。Hertenstein et al. (2006) は，感情の表出者が解読者の手に触れる

(A)

(B)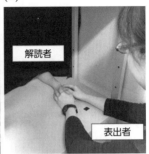

図 5.16　触覚による感情知覚実験の様子　→　カラー図は口絵 2 参照

ことで感情を伝える実験をおこなった。感情には基本 6 感情（怒り，恐怖，喜び，悲しみ，嫌悪，驚き）に加えて，自己意識的感情（困惑，嫉妬，誇り）と向社会的感情（愛，感謝，共感）を含めた計 12 種類が用いられた。実験の結果，いくつかの感情（怒り，恐怖，嫌悪，愛，共感，感謝）がチャンスレベル以上に正確に知覚されることが報告されている。

　しかし，欧米と比べて日常的に触れ合うコミュニケーション（握手やハグなど）が盛んではない日本でも同様の結果が得られるかどうかは明らかではない。そこで，筆者らは先行研究と同様の実験を日本でおこなった (Oya & Tanaka, 2022a)。参加者は互いに知らない者同士で 2 人 1 組となり，片方が表出者，もう片方が解読者に割り振られた（図 5.16）。実験が始まると 2 人はカーテンを挟んで互いが見えないように座り，声を出さないように教示された。続いて，表出者が実験者の指示した感情を伝えられるように解読者の腕に自由に触れた。このときの表出者の手元を録画した。解読者は，表出者が伝えようとした感情を計 13 個の選択肢（先行研究と同様の 12 感情＋「どれでもない」）の中から選んだ。実験の結果，

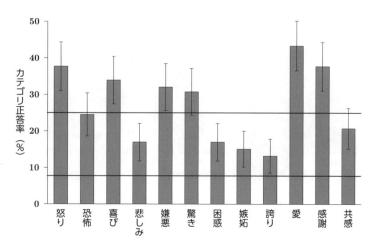

図 5.17　触覚による感情判断の正答率 (Oya & Tanaka, 2022a)

怒り，愛，感謝の3感情はチャンスレベル（ここでは慎重に25%をチャンスレベルと設定）以上に正答され，欧米での結果を再現した（図 5.17）。一方で先行研究とは異なり，恐怖，嫌悪，共感はチャンスレベルを超えず，触覚で伝わる感情には文化特異性もあることが示唆された。

　怒り，愛，感謝の3感情は伝わったとはいえ，12種類のうち3種類しか感情が伝わらないのであれば，触覚は感情伝達メディアとしては不十分なのだろうかという疑問もわいてくる。しかし，12種類の中から感情を言い当てるのは，顔や声であっても難しいかもしれない。実際に，顔や声を用いて12種類もの感情の中から言い当てるような実験は，筆者の知る限りはないようである。また，データをよく眺めてみると，感情のカテゴリレベルでの正答率は低かったが，感情カテゴリの同定よりも「粗い」（もしくは異なる）形では感情が伝わっているようであった。そこで，感情が快

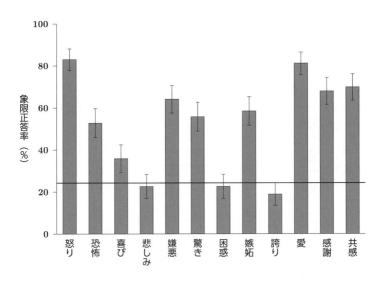

図 5.18　次元説に基づく 4 象限への分類に基づいた感情判断正答率
(Oya & Tanaka, 2022a)

＝不快，覚醒＝沈静の 2 次元からなる 4 象限上に布置されるとす
る次元説（Russell, 1980）に基づいて，表出者の表した感情（表
出感情）と解読者の受け取った感情（知覚感情）を 4 象限に分類
し，分類された象限の一致率（象限正答率）を算出した。例えば，
表出者が怒りを伝えようとしたときに，解読者が嫌悪と回答した
場合は，感情カテゴリの正誤としては表出感情と知覚感情が不一
致であるため不正解だが，表出感情である怒りと知覚感情である嫌
悪は 2 次元上で同じ象限に属するため，象限レベルでは正解とな
る。分析の結果，怒り，恐怖，嫌悪，驚き，嫉妬，愛，感謝，共感
の 8 感情は表出感情と知覚感情の象限が高い水準で一致した（図
5.18）。興味深いことに，象限の正答率が高かったこれらの 8 感情
は，第 2 象限（不快×覚醒）と第 4 象限（快×沈静）に分類されて
いた。

触覚の感情知覚にはまだ理論的枠組みは提唱されておらず，これからの課題であるが，以上の結果は複数の処理プロセスを仮定することで説明可能である。まず，触覚刺激からポジティブかネガティブかといった感情価を知覚する。次に，覚醒度を知覚するが，このときポジティブであれば沈静，ネガティブであれば覚醒の方向にバイアスがかかる。その後，感情カテゴリに分類する。こうした複数段階処理モデルはまだ仮説の段階であるが，このようなプロセスを仮定することで現状の実験結果を説明できる。

　この実験では日本人が日本人に接触する際の感情知覚を検討し，アメリカ人（ないしスペイン人）がアメリカ人（ないしスペイン人）に接触する場合の結果と比較した。しかし，異なる文化集団の間でどれだけ触覚によって感情が伝わるかは検討できていない。今後こうした文化間での実験をおこなうことで，触覚感情知覚の普遍性について明らかにすることができるだろう。

5.5.2　視覚・聴覚・触覚による感情表現の比較

　感情は顔，身体，声，タッチによって，どのように表出されるのであろうか（レビューとして Schirmer & Adolphs, 2017）。顔の表情は左右 17 対の顔面筋ペアによって作られており，皮質および皮質下のネットワークによって制御されている。顔面筋の構成は大型類人猿では共通しており，他の種とも部分的に共通している。一連の顔面筋の動作は，Ekman and Friesen (1976) の開発した顔面動作コーディングシステム (FACS) によって定量的に記述することができる。FACS を用いることで，異なる感情の表情を顔面筋の動作の違いとしてとらえることができる。ある特定の顔面筋は複数の表情に関与するが，一連の顔面筋の組み合わせとしてとらえたとき，基本 6 感情は異なる顔面筋動作の集合としてとらえられる。

　視覚的に表出される感情表現は顔だけではなく，ボディーランゲ

ージ（身体の姿勢や動作）も該当する。ボディーランゲージも de Gelder and van den Stock (2011) によって，動作をコーディングするシステムが開発されている。

　次に声であるが，声は複数の発声・調音器官の複雑な動作によって表出される。声は呼吸や筋肉の緊張状態など，感情に引き起こされた発声系の生理的変化に影響を受ける。声というと，話し言葉を想起しがちであるが，言語的内容と声に表出される感情表現は分離可能である。とはいえ，声に感情が込められるとき，多くの場合では子音・母音の系列である言語的内容に乗せられる形で表出されるので，顔のように「この感情はこのような筋肉の動きと対応する」という形で表現することは困難である。しかし，発声・調音器官の複雑な動作の結果として表出される声は，ラウドネス（声の大きさの感覚），ピッチ，声質などのさまざまな音響特徴量によって定量化することができる。そこで，感情とこれらの音響特徴量の関連について検討がなされてきた。多くの研究から，ラウドネスとピッチは覚醒度と正の相関を示すことが報告されているが，それぞれの音響特徴量と感情には 1 対 1 の対応関係が見いだされているわけではない。

　触覚は他者と直接的な接触を要する点で，顔や声による感情表現と大きく異なる。怒って相手を殴るといった極端なケースを除けば，相手に接触するのはポジティブな感情を伝えたいときが多く，絆と信頼の形成を促進することが指摘されている。こうした接触によるコミュニケーションには C-tactile (CT) afferent と呼ばれる特別の触覚受容器が重要な役割を果たしている。CT は体温程度の皮膚による 1-10 cm/s 程度の速さのソフトなストロークに対して強く活性化し，主観的な快感情と正の相関を示す。感情と接触表現の対応関係は未知の部分が大きいが，前節で紹介したように，いくつかの感情は触覚を通して相手に伝わることが報告されている

(Hertenstein et al., 2006; Oya & Tanaka, 2022a)。

5.5.3　視覚・聴覚・触覚による感情知覚の比較

　前項では，視覚・聴覚・触覚による感情表現の性質の違いについて概観した。では，視覚・聴覚・触覚による感情の知覚には，どのような共通点と相違点があるのだろうか（レビューとして Schirmer & Adolphs, 2017）。

　Schirmer らは，視覚・聴覚・触覚による感情知覚の共通点として，いずれも感覚野への slow/fast 経路をもち，感覚野の高次領域では社会性刺激に強く反応する点を挙げている。また，いずれも右半球に側性化し，少なくとも視覚と聴覚は処理が迅速で，処理のタイムコースもほぼ同様であることも共通点として指摘している。

　一方，視覚・聴覚・触覚による感情知覚の相違点として，以下の4点を指摘している。第一に，視覚は一瞬の情報が感情を伝えうるのに対し，聴覚と触覚は時間的ダイナミクスが重要である点を挙げられる。顔の表情知覚の実験では静止画刺激が多く用いられるが，聴覚と触覚は時間的な幅がないと感覚が生じないし，時間的な変化がないとそこに感情的意味を読み取ることは難しいだろう。第二に，感情知覚の要求特性の違いを指摘できる。顔の表情では多数の筋の動きを分析する必要があるのに対し，触覚は温度・速度・圧の狭いレンジのみ分析すればよいため，分析そのものは容易である反面，複雑な感情と結び付けることは容易ではないだろう。第三に，顔の表情と発声には相互に影響しあうという側面がある。表情は発声に影響し，発声は表情に影響する。これに対して，触覚は顔や声と解剖学的にはほぼ独立である。第四に，視覚・聴覚・触覚は脳の経路が違い，感覚野の役割も違う。聴覚情報は視覚情報と比べて，1次感覚野（聴覚野）において詳細な分析がなされる。これに対して，触覚は1次感覚野をバイパスする経路もあり，感覚野の役割

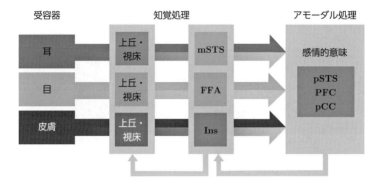

図 5.19　視覚・聴覚・触覚のアモーダルな知覚情報処理モデル
　→　カラー図は口絵 3 参照
（Schirmer & Adolphs, 2017 を参考に作成）

が相対的に小さく，他方で相手との関係などのトップダウン情報が重要な役割を果たす。

　こうした相違点を踏まえれば，視覚・聴覚・触覚がそれぞれ感情知覚において異なる特性を示すのも頷ける。今後はここに挙げたどのような相違点がどのような感情知覚の違いに結びつくのかを検討していくことが重要だろう。

　一方で，顔と声からの感情知覚に関与する共通の活動領域としてSTS と mPFC が報告されている（Peelen et al., 2010）。こうした知見をもとに，Schirmer and Adolphs（2017）は，図 5.19 のようなモデルを提唱している。今後，触覚でも同様の部位が活動するかどうかを検証することで，この領域のアモーダル性について明らかになり，視覚・聴覚・触覚による感情知覚の共通性に示唆が得られるだろう。

　次に，視覚・聴覚・触覚による感情知覚の精度について検討したい。感情知覚の精度を比べたとき，触覚による感情知覚は顔や声よりも精度が低いのだろうか。正答率の数値そのものを比較すると，

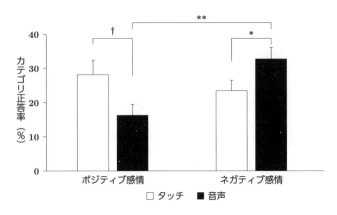

図 5.20　音声とタッチによる感情判断正答率の比較 (Oya & Tanaka, 2021)

表情や声の研究結果と比べて，タッチの研究結果では正答率が低くなっている。しかし，触覚研究では感情が 12 種類もあり，表情や声の先行研究（6 種類程度）と比べてチャンスレベルが低くなっている。そこで，チャンスレベルを補正するために PI (proportion index) と呼ばれる指標を用いて比較すると，表情（PI = .85：髙木ら，2014），声（PI = .80：髙木ら，2014），触覚（PI = .79：Oya & Tanaka, 2022a）の研究間で弁別精度に大きな違いは見られなかった。

　また，視覚・聴覚・触覚による感情知覚研究には，刺激の呈示方法にも大きな違いがみられる。視覚や聴覚の研究ではあらかじめ収録した顔写真や録音した音声を呈示するのに対し，触覚では実験室内で直接タッチする形で呈示している。こうした方法論の違いを統制するため，Oya and Tanaka (2021) では，同様の呈示方法で声とタッチによる感情知覚を比較している。触覚と同様の方法で声による感情表現をおこなった実験の結果，声とタッチの正答率に有意な違いは見られなかった。興味深いことに，ポジティブ感情はタッ

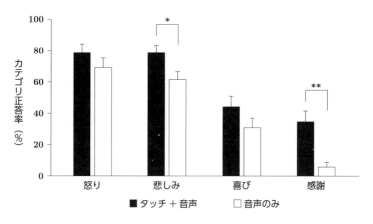

図 5.21　単感覚（音声）および多感覚（タッチ＋音声）での感情価正答率
(Oya & Tanaka, 2022b)

チ，ネガティブ感情は声において，それぞれ正答率が高い傾向が見られている（図 5.20）。

　また，ここまでに紹介した多くの研究で見られたように，顔と声の表出する感情が一致しているとき，顔のみから感情を読み取る条件と比べて，声も加わった条件で正答率が高くなる。触覚も同様に，多感覚的に感情を伝えうる。この点について Oya and Tanaka (2022b) は，声のみ条件と声＋タッチ条件での感情知覚を比べる実験をした。実験の結果，声のみ条件と比べて，声＋タッチ条件で正答率が上昇し（とくに悲しみと感謝），タッチによる感情知覚にも多感覚相互作用があることが示された（図 5.21）。声とタッチが不一致の条件（例えば声がポジティブでタッチがネガティブ）でも実験しており，タッチが選ばれる割合は声と同等，またはそれ以上であった（大屋・田中，2020）。

　以上のことから，感情知覚において触覚は，決して視覚と聴覚の「次」の第三の感覚にとどまっているとは言えず，感情コミュニケ

ーションにおいて少なくとも声と同程度には重要性をもっている可能性もありそうである。重要性の優劣よりも大切なことは，それぞれの感覚が伝える情報の特徴が異なる点であろう。これまでの結果を見る限り，タッチはポジティブ感情のコミュニケーションを得意としているようである。

　感情知覚の研究は，顔の表情を対象とした研究を中心として長い積み重ねがある。その多くが基本感情を対象としている。Ekmanの基本6感情では，ネガティブ感情は怒り・悲しみ・恐怖・嫌悪と細かく分類されている。しかし気になるのは，多くの研究ではポジティブ感情は喜びのみが用いられており，それ以上には区別されていない点だ（驚きはポジティブとネガティブの両方がありうるので明確にどちらとは分類しがたい）。心理学では心の問題がネガティブ感情と関連していることもあり，ポジティブ感情の研究は後回しにされる傾向がある。近年では「ポジティブ心理学」と呼ばれる領域が拡大しつつあるが，裏を返せば従来の心理学は「ネガティブ心理学」だったということでもある。ネガティブ感情にも種類があるのと同様に，ポジティブ感情にも種類はいくつもあるはずだ。

　感情知覚研究もご多分に漏れず，ネガティブ感情にウェイトが割かれていたのだが，これは実験刺激として顔ばかりを用いてきたことのアーチファクトであるという側面も指摘できるだろう。私たちは相手の顔を見て，「幸せ」「歓喜」「安堵」「悦楽」などのポジティブ感情を区別できるかといわれると，けっこう難しそうである。顔に現れるポジティブ感情は「笑顔」としてひとまとめに括られがちである。こうしたことも一因となって，顔を用いた感情知覚研究ではポジティブ感情の間の識別について，あまり関心が払われてこなかった。

　一方で，声やタッチはどうであろうか。歓喜の声と安堵の声などを想像すると，それなりに違うものをイメージできるのではない

だろうか。実際，表情研究で有名な Ekman も声が複数のポジティブ感情を識別できる可能性について言及している (Ekman, 2003)。Sauter and Scott (2007) は，人間が声から「達成」(achievement)，「愉快」(amusement)，「充足」(contentment)，「悦楽」(pleasure)，「安堵」(relief) のポジティブ感情を識別できることを示している。

　あるいは，「愛」「共感」「感謝」のタッチを想像すると，それなりに違うものをイメージできる人も多いだろうし，上で紹介した研究結果もそれを裏付けている。つまり，顔・声・タッチにはそれぞれ伝えやすい感情と伝えにくい感情があると考えることができそうだ。今後は実験対象としても理論的なよりどころとしても，顔の表情研究の伝統に縛られるのではなく，声やタッチに固有の側面にも注目していくことで，感情知覚の全体像にアプローチできるだろう。

第6章　多感覚コミュニケーション研究とコロナ禍

　本書の執筆を進めるなかで，多感覚コミュニケーションのあり方を大きく変化させるような出来事が起こった。新型コロナウイルス感染症 (COVID-19) の流行である。コロナ禍によって，人びとは日々マスクを着用するようになり，学校の授業や職場の会議はオンラインでおこなわれることが増えた。本章では，コロナ禍で日常化したマスクの着用とオンラインでのコミュニケーションに着目し，こうした変化がそこに生きる人たちの多感覚コミュニケーションにどのような影響を及ぼしているのかを論じる。6.1 節では，オンラインでの多感覚コミュニケーションの特徴について考えることを通して，対面でのコミュニケーションの特徴を浮き彫りにしたい。6.2 節では，マスク着用によって生じる五感のバランスの変化について検討し，それがもたらしうる問題についても考えてみたい。

6.1　多感覚コミュニケーションとコロナ禍 (1)
──オンラインでの多感覚コミュニケーション

　新型コロナウイルスの流行によって，日本中，そして世界中の人たちの生活に大きな影響が生じた。多くの大学で遠隔授業が実施され，Zoom などのビデオ会議システムを利用したオンライン講義がおこなわれるようになった。筆者の所属する大学や学会の会議もほとんどがオンラインで開催された。多くの企業でテレワークが実施

されて，オンラインでの会議や打ち合わせも浸透した。「Zoom 飲み」と称して，オンラインで飲み会が開催されるようになった。

このように，コロナ禍によってコミュニケーションのオンライン化が加速し，私たちのコミュニケーション形態には大きな変化が生じている。では，こうした新しいコミュニケーション形態において，コミュニケーションはどのように実現されているのだろうか。また，こうしたコミュニケーション形態の変化は，人間の認知処理にどのような変化をもたらすのだろうか。

一方で，「Zoom 疲れ」と呼ばれるように，新しいコミュニケーション様式に対する適応がスムーズにいかないケースも生まれている。「疲れ」には，身体的負担（目の負担，身体の固定，首の固定），時間的余白のなさ（移動時間なく会議が続く）なども原因として考えられるが，ここでは認知的側面に着目する。

こうしたコミュニケーション形態の変化は，これまでの「ふつうのコミュニケーション」の形態がもっていたさまざまな特徴を浮き彫りにした。相手の顔が見えること，お互いが相手の顔を見て話すこと，相手の声が遅れず途切れず聞こえること，適度な距離で適切なタイミングで話すこと，こういった「当たり前」のことがオンラインでのコミュニケーションでは満たされないことが多々ある。じつはこうした状況は，実験心理学者が過去に人工的に作り出してきた「ありえない状況」に似ているものもあり，そのような場面で何が起こるのか，どのようなメカニズムで起こるのかといったことについて，思いがけず現実場面で適用可能になった知見が蓄積している。本節ではまず，オンラインでのコミュニケーションにおいては何が伝わり，何が伝わらないのかを整理する。続いて，通信技術と多感覚コミュニケーション，認知資源と多感覚コミュニケーション，そして個人差の問題について考えていきたい。

6.1.1 オンラインでの多感覚コミュニケーションで
伝わる情報，伝わらない情報

対面でのコミュニケーションで用いられる感覚モダリティは，視覚と聴覚がメインである（もちろん，触覚など他の感覚も用いられている）。視覚と聴覚はオンラインで伝達可能な情報であるが，実際のオンラインコミュニケーションでは，どの程度伝わっているのだろうか。

オンラインでのコミュニケーションには，送受信できる情報の設定をコントロールできるという特徴がある。ビデオやマイクのON・OFF によって，発信する情報をコントロールできる。そもそも設定ミスでカメラとマイクで拾えていなければ，何も発信できなくなる。逆に，顔出ししないなど，自らの意思で発信する情報をコントロールすることもできる。

同様に，モニタやスピーカーの ON・OFF によって，受信する情報もコントロールでき，発信側のカメラとマイクの問題と同様，モニタとスピーカー（ヘッドホン）から出力できていなければ何も受信できない。つまり，受信側も機器の設定によって受信する情報をコントロールできるという特徴がある。受け手の意思でビデオをオフにすれば相手の顔を見ないですむし，スピーカーをオフにすれば声も聞かずにすむ。大人数の会議などでは，このような状況も容易に成立してしまう。二者間でのコミュニケーションは声を消すと成り立たないが，顔を見なくてもコミュニケーションは成り立つ。対面では，自分が相手の顔を見ているかどうかが相手にわかるが，オンラインではわかりにくい。

結果として，自分の顔が見られているのか，自分の相槌は届いているのかなど，発信者にとって受信者が何を受信しているのかが自明ではないという状況が起こる。コミュニケーションは一方的な情報伝達ではないので，相手に何が伝わっているのかがわかるこ

とは重要である。対面であれば，相手が自分の顔を見ているかどうか，自分の発言に頷いているか，首をかしげているかなどで，相手がどの程度こちらの話を聞いているのか，どの程度受け入れているのかを推測できる。もちろん，どこまで真剣に聞いているのか，どこまで理解・共感しているのかまではわからないかもしれない。しかし，相手の内的状態が完全にモニタできるわけではないにせよ，相手の網膜（目）や基底膜（耳）に，何が伝わっているのかは推測できる。一方でオンラインだと，相手がそもそもPCの前にいるのか，いたとして画面を見ているのか，話を聞いているのか，画面の中の誰のどこを見ているのかがわからない状況も多く，相手の網膜や基底膜に何が伝わっているのかというレベルから不確実になる。

　では次に，少なくとも設定のレベルでは映像と音声が相互に伝わっているオンライン状況において，対面でのコミュニケーションと比べて発信される情報と受信される情報にはどのような違いがあるのだろうか。オンラインコミュニケーションでは，設定の問題を脇に置いたとしても，送り手はいつもと同じ情報を発信しているわけではない。例えば，オンライン状況でジェスチャーがオーバーになったり，声が大きくなったりという経験がある読者も多いだろう。言葉や感情が伝わらないと思うのでオーバーに表現するし，大声で話してしまう。そして，結果として疲れてしまうこともある。

　受信側も同様で，設定の問題を脇に置いたとしても，受信側もいつもと同じ情報を受信できているわけではない。画面上に見える顔が小さいと，表情知覚にロスが生じる。通信回線の影響で音声が途切れると，音声の知覚が困難になる。視線もうまく伝わらず，発信者は受信者を見ているつもりでも，受信者にはそれが伝わらないことも多い。

　また，受け手の目や耳に入力される情報以外にも，注意や認知資源の問題も関わってくる。目や耳から入力された情報は相手に必ず

届くというわけではなく，それらがどこまで知覚され，注意を向けられ，記憶されるかが問題となる。注意にかかわる問題の一つとして，モノラル音声だと大人数発話時にどの声が誰の発した声なのかが判別できないという問題がある。日常では複数の話し手の声は異なる位置から音が聞こえており，この空間情報が音源分離の手がかりの一つとなっている（心理学では，これはカクテルパーティー効果として知られている）。しかし，モノラル音声では空間手がかりが消失するため，これができなくなってしまう（ただし，第2章で紹介した Driver (1996) の腹話術効果による音源分離実験に基づけば，画面上の異なる位置にいる話者の口の動きによって，音源が分離して知覚される可能性があるだろう）。また，知覚と注意に認知資源を消費してしまうと，記憶に割くべきリソースが枯渇してしまい，「聞き取れるけど覚えられない」といったことが起こる。同じ情報が感覚器に入力されても，注意・記憶容量の個人差によって受け取られる情報は異なってくる。また，同じ人であっても，他のことを考えているなど，認知資源の空き容量や記憶負荷は時々刻々と変化する。

　このように，ビデオやスピーカーをオンにすれば，受け手の感覚器には多くの情報が届くが，受け手に認知的な負荷がかかってしまう。一方で，オフにすれば負荷は低下するが，必然的に必要な情報も遮断されてしまう。オンラインでのコミュニケーションは，このようなジレンマのなかで実現されている。

　一方で，対面環境と比べて過剰に伝わる情報もある。Zoom のギャラリービューでは，自分の顔が見える（設定を変更することもできる）。自己顔の処理には特殊性があり，多数の顔が呈示されたとき，自己顔は他者の顔よりすばやく検出できること (Tong & Nakayama, 1999) などが知られている。また，ギャラリービューでは多数の顔が見える。これだけ狭い視野の中にこれだけ多数の顔

が見える状況は，現実場面では考えにくく，これまでの生活で経験したことのないような認知負荷を引き起こす可能性がある。逆にスピーカービューにすると，話者以外の参加者の様子を周辺視野でとらえることができない。日常会話では，話し相手以外の人たちの顔も視野の片隅にとらえて，突然誰かの表情が曇るようなことがあれば敏感に察知して，会話の軌道修正をすることができるが，スピーカービューではそのようなことはできなくなってしまう。

このほか，ビデオ会議では伝わりにくい情報として，下半身の姿勢・動き，正確な視線，息遣いなどがある。下半身の姿勢や動きは伝わらないので，極端な話，例えば教員が胡坐をかきながら授業をしても学生にはおそらくわからない。しかし，姿勢や動きは発話者自身の認知に影響するので，立ちながら話をするのと胡坐をかきながら話すのとでは，話す内容や話し方には違いが生まれるかもしれない。貧乏ゆすりやそわそわした動作は感情の手がかりになるが，これらの手がかりはZoomでは伝わらない。また，画面上で注視する位置とカメラの位置は異なるため，正確な視線も伝わりにくく，相手と視線が合いにくい。視線が合わないと，相手の意図を誤解したり，会話のターンの交替がスムーズにいかなくなったりする。ほかには，Zoomでは息遣いも伝わりにくい。日常会話では話したくて息を吸ったり，逆に相手の話をさえぎろうとすばやく息を吸い込んだりすることがあるが，こうした息遣いも伝わらなくなる。このように，オンラインコミュニケーションでは原理的には視覚と聴覚の情報を伝達可能であるにもかかわらず，実際には意外と伝わっていない情報も多いといえる。

オンライン会議が普及し，慣れるとともに疲れもたまっていくなかで，オンライン会議で映像は必要かという話題を見かけることも多い。たしかに映像はなくても会議は成り立つが，音声がなければ会議は成り立たない。ある種の会議は音声のみでも十分成り立つ。

しかし，多数の参加者が適切なタイミングで発言し，発言がどのように受け取られているかをモニタするためには，映像は不可欠である。ふだんから映像なんか見ていないと思っていても，自分が発言しようとするときには，タイミングや話しかけてよい状態かを見極めるために相手の顔の映像を見ているものである。二者間なら音声のみ（電話）でも発話交替はうまくいくが，三者以上になるとかなり難しくなる。誰が話しているかがわからず，発話開始のタイミングもかぶってしまいがちになる。つまり，顔が見えるということは，顔の表情を読み取ったり，発話の聞き取りを手助けするだけでなく，円滑に発話の交替をおこなうためにも重要な役割を果たしている。

▶コラム　非言語的コミュニケーションに関する誤解

　最近のオンライン会議に関する記事では「人間のコミュニケーションは93％が聴覚・視覚による非言語的コミュニケーションに依存しており，オンラインミーティングではそのほとんどの情報が失われている」などと指摘しているものが散見される。こうしたオンライン会議に関する記事に限らないが，コミュニケーションについての学術的知見として，しばしば引用されるのが「メラビアンの法則」である。これは Mehrabian らの研究で明らかになった知見に対して命名されたものであるが，巷ではこの研究は以下のようなものだと思われている。

　コミュニケーションで伝えられる情報を言語情報（会話の言語的意味，内容），視覚情報（表情，視線，ジェスチャー，しぐさなど），聴覚情報（声の質，大きさ，速さなど）に分けたとき，それぞれのもつ重要性は 7:55:38 である。つまり，言語情報の占める割合は 1 割程度であり，非言語情報が 9 割を占める。100 万部を超えるベストセラーとなった竹内一郎氏の著書『人は見た目が 9 割』のタイトルも，この実験結果に基づいてつけられたという。たしかにインパクトは強いが，結果的にはこうしたタイトルだけを見ると「話す内容より見た目が重要なのか」と誤解してしまう人もいるのではないだろうか。また，企業の研修などでは「話の内容より見た目や第一印象のほうが大事」などと誤って解釈されて使われることも多いようである。

しかし，こうした解釈には大きな飛躍がある。じつは，こうした解釈の土台となる研究そのものは妥当な方法で実施されている。Mehrabian & Wiener (1967) の研究では，まず実験に先立って，ポジティブ（例：honey），ネガティブ（例：terrible），中立（例：maybe）の意味をもつ単語（言語情報）を選定し，それぞれの単語に対して，ポジティブ，ネガティブ，中立のトーン（聴覚情報）で読み上げた音声を録音した。実験では，言語情報 3 条件×聴覚情報 3 条件＝計 9 条件を組み合わせて発話を呈示し，実験参加者は発話者が発話相手に対して抱いている態度（ポジティブ〜ネガティブ）を 7 段階で評定した。実験の結果，教示（言語の意味に注意を向ける，トーンに注意を向ける，両方に注意を向ける）によらず，評定は単語の意味よりもトーンに大きく影響を受けた。

さらに Mehrabian & Ferris (1967) は，中立の意味をもつ単語 (maybe) を用いて，顔の表情（ポジティブ，ネガティブ，中立）×声のトーン（ポジティブ，ネガティブ，中立）の組み合わせで同様の実験を実施した。実験の結果，評定は声のトーンよりも顔の表情に影響を受けた。具体的には，態度の評定には声より顔が約 1.5 倍の影響力をもっていた。

ここまではよいのだが，Mehrabian & Ferris (1967) はこれら 2 つの研究結果を合わせて，言語情報，聴覚情報，視覚情報の相対的な影響力を論じている。Mehrabian & Wiener (1967) では，声のトーンが言語の 5〜6 倍の影響力をもつこと，Mehrabian & Ferris (1967) では，声のトーンより顔が約 1.5 倍の影響力をもつことから，三者の相対的な寄与率を「言語 7%，声のトーン 38%，顔の表情 55%」と見積もったのである。この最後のプロセスには飛躍があると言わざるをえないだろう。

さらに，この研究結果は Mehrabian らの手を離れて，どんどん独り歩きしていく。「声のトーン」は「聴覚」に，「顔の表情」は「視覚」に拡大された。「ある単語を読み上げる発話者が発話相手に抱く態度を第三者が評定する」という特定の文脈での知見は，最後には「人は見た目（非言語）が 9 割」といった具合に話が拡大して，アカデミックな世界を超えて世界中に広まっていったのである。

この実験結果は，あくまでも上記の特定の文脈において，複数の矛盾する情報が発信されるという状況において得られたものであり，このことは Mehrabian 自身が論文の中でも言及している。したがって，

この知見は事実を伝えたり，要望を伝えたりする場面など，他の場面にまでは拡張できない。また，「9割」という実験結果の数値が独り歩きしているが，こうした状況で非言語情報が優位であるにしても，表情のつけ方（実験で言えば刺激強度）ひとつ変えるだけでも数値は変わる。科学的知見は日常にもっと応用されるべきだと思うが，一方で実験状況がもつ前提条件をよく理解したうえで応用しないと，こうした誤解につながってしまう。情報を社会に発信するときには研究者自身が気をつけなければいけないし，受け取る側にも科学リテラシーが求められるだろう。

6.1.2 情報の時空間的構造

　本節では，コロナ禍でのコミュニケーションの特徴について考察しているが，これまでにも電子メールの登場やSNSの普及などによってコミュニケーション形態の劇的な変化が起こることはあった。そのときに繰り返し指摘されてきたのは，非言語情報の欠如の問題である。電子メールでは文字だけしか使えないとの指摘があり，それを補うために顔文字が生まれた。それでも伝えられる非言語情報には限界があり，LINEなどのSNSではスタンプが使われるようになった。それでも，相手の発話に対する瞬時の表情の変化などは伝わらないし，顔文字やスタンプはいくらでも取り繕える。

　一方で，今回のコミュニケーション形態の変化では，一見すると言語情報にも非言語情報にも目立った欠如はないようにも感じられる。ビデオ会議では声は伝わるし，映像を通して顔の表情や（上半身の）身体表現も伝わる。にもかかわらず，コミュニケーションにやりにくさや難しさを感じるのはなぜだろうか。

　この困難さの一因として，ビデオ会議というコミュニケーション形態では，現実世界に存在する情報の時空間的構造が崩れてしまっている点に着目したい。ビデオ会議では，発話内容や顔の表情など，メッセージの送り手から発信された情報そのものの多くは伝

達される。しかし，通信の過程で情報の時空間的構造が崩れてしまい，これがコミュニケーションに影響を与えているのではないだろうか。

　情報の空間的構造とは，それぞれの情報がどこにあり，どのような大きさであり，どのような情報と隣接しているかといった空間にかかわる情報全体を指している。例えば相手と同じ場所にいるときには，同じ気候条件のもと，同じ景色に囲まれながらコミュニケーションをとっている。会議の場所が賑やかなのか，暖かいのか寒いのかなども，心のありようや一体感などに影響を与える。このように空間的文脈を共有することによって，話者間で「同じ場所にいる」という感覚が生まれる。

　また，同じ場所にいるときには相手と適度な距離をとる。パーソナルスペースの研究からは，相手や状況に応じて適切な距離が異なるとされ，例えば職場の同僚と会議をするような状況では 120〜300 cm（社会距離）が適切とされる (Hall, 1966)。現実世界では，相手の顔がどの程度のサイズで網膜に投影されるかは，相手との距離に依存する。一方で，オンラインでは相手の顔が必要以上に大きく飛び込んできたり，小さくしか見えなかったりする。しかも，受け手側も送り手側もそれを制御するのが難しい。

　例えば，PC でオンライン会議をしていて，24 インチモニタ（横幅 53.04 cm× 縦幅 29.87 cm）に相手の顔が画面の縦幅の約半分のサイズ (15 cm) で映ったとする。このときモニタから 60 cm 離れた観察者の網膜上では，相手の顔の縦幅は視角 14.25 度で投影されている。対面ではこんなに大きく相手の顔が網膜に投影されることはない。これは，例えば相手の顔の実際の縦幅が 22 cm の場合，対面では約 88 cm の距離から見えるサイズに相当し，社会距離よりもだいぶ近くにいるときと同様の大きさで相手の顔が目に映ることになる。もちろん，大きさの恒常性による知覚の補正などもある

が，網膜に投影されたサイズは相手との距離の知覚に大きく影響する。大きく映ることで相手が必要以上に近く，または遠くに定位されれば，話し手に対する印象にも大きく影響するのではないか。会議室の大きなテーブルを挟んで話すのと，膝をつき合わせるような近い距離で話すのとでは，話しやすさも違う。オンラインでは，そうした適度な距離感を作り出すのが難しい。

情報の時間的構造とは，それぞれの情報がどのタイミングでどのような速度で伝わるか，他の情報との相対的時間関係はどのようであるかといった時間にかかわる情報全体を指している。当たり前のように感じられるが，相手と対面でリアルタイムで会話しているときには，相手の口の動きと声は同期している。相手の発話に呼応して，即座に相槌を打ったり，笑顔になったり，姿勢が前のめりになったりする。このように，リアルタイムのコミュニケーションでは相手と時間的文脈を共有することによって，「目の前に相手がいる感覚」や，「相手と時間を共有している感覚」が生まれていると考えられる。ビデオ会議で話していても似たような感覚を抱くこともあるかもしれないが，実際には通信の問題でタイムラグがある。この1秒にも満たないようなわずかな遅れが，コミュニケーションを妨げる大きな要因となりうる。

通信回線の遅延によって，適切なタイミングで相槌を入れたり，会話のターンを交替したりすることが難しくなる。視聴覚間にもずれが生じて，リップシンクが保たれず，声が聞こえた後に口が動いたりして（あるいはその逆），大きな違和感が生じる。リップシンクがずれると，音声が聞き取りにくくなる。こうした経験はすべて，情報の時間的構造と関連していると考えられる。

6.1.3　通信技術と多感覚コミュニケーション

オンラインでの多感覚コミュニケーションは通信技術に支えられ

ていて，さまざまな技術的制約の影響を受けている。それぞれの制約は一見すると小さな問題に感じられるかもしれないが，こうした制約の積み重ねがコミュニケーションを阻害している可能性がある。以下では，a) リップシンク，b) 通信遅延，c) パケットロスという 3 つの技術的制約に着目し，これらの制約が主として情報の時間的構造を崩し，多感覚コミュニケーションに影響するプロセスについて考察したい。

a)　リップシンク

　リップシンクとは，映像と音声の時間的同期のことを指す。オンライン会議ではリップシンクは想像以上に重要である。第 2 章，第 3 章で見たとおり，人間は相手の口の動きからも音声を知覚しており，視覚情報から得られる促進効果は視聴覚の時間的同期に依存する。放送業界では映像と音声のずれについて「検知限」（ずれを検知できるか）と「許容限」（ずれを許容できるか）という 2 つの指標を用いて検討されている。NHK 放送技術研究所の研究結果によると，アナウンサーの発話場面を用いた場合，検知限は音声が先の場合で 50 ミリ秒程度，音声が遅延する場合で 130 ミリ秒程度である。こうした結果をもとに，リップシンクをこの時間内に収めるように ITU-R（国際電気通信連合無線通信部門）から勧告が出ている。リップシンクのずれは聞き取りのみならず，感情の知覚や印象形成にも影響する可能性があり，こうした科学的知見に基づいて，ずれを一定の範囲内に収めることは非常に重要である。

　Reeves and Voelker (1993) の実験では，実験参加者は製品の広告やニュースなどのビデオを視聴し，ビデオに登場した人物や製品などへの印象を評定した。実験は映像と音声が同期した条件，2.5 フレーム（100 ミリ秒）ずれた条件，5 フレーム（200 ミリ秒）ずれた条件で実施された。実験の結果，2.5 フレームのずれは気づき

にくいが，5フレームずれると気づきやすかった。映像と音声が5フレームずれると，ビデオに対する評価が低下し，この低下はずれへの気づきによらずに生じた。なお，5フレームまでのずれは記憶には影響がなかった。

オンラインビデオ会議システムでは，映像を圧縮して送信する際に注意を払わないと200～300ミリ秒くらいの映像遅延は簡単に生じてしまう。この状況で音声をそのままにしておくとリップシンクがとれていない状態になってしまう。ここで，リップシンクを合わせるために音声を遅延させると，今度はラウンドトリップ（自分から相手に情報が伝わり，相手から自分に情報が戻ってくるのにかかる時間）に遅延が生じ，会話が成立しにくくなってしまう。オンライン会議では，会話を成立させるためにラウンドトリップの遅延を避ける必要があるが，そうすると必然的にリップシンクのずれが生まれてしまうというジレンマがある。

また，実際の通信ではジッタ（遅延時間が一定ではなく揺らぐこと）が生じる。Bluetoothスピーカーでは，通信状況によってはジッタが頻繁に起こり，まともに音楽が聴けないという経験をお持ちの読者も多いだろう。一方，現実場面では視聴覚の間に多少のずれはあっても，ずれの大きさが時々刻々と揺らぐことはない。揺らがないからこそ，第2章で紹介した時差順応によって時間ずれに適応することができる。

b) 通信遅延

通信遅延は，誰にでも経験があると思われるが，ときに非常にストレスを感じ，コミュニケーションにも影響する。現代の通信回線の主流は光回線であるが，光は1秒で地球を7周半（約30万km/秒）も進む。光ファイバーを通ると約20万km/秒まで低下するが，誤差の範囲内に感じられるかもしれない。したがって，

光の伝送による通信遅延は，ほぼ無視できるように考えがちである。実際に国内であれば，東京－大阪間（約 500 km）の伝搬遅延は往復約 5 ミリ秒程度であり，あまり問題にはならない。これがアメリカだと，ロサンゼルス－ニューヨーク間は約 5000 km なので，往復 50 ミリ秒程度になる。なお，実際に敷設されているケーブルの長さはもっと長い。また，送信側と受信側の PC で生じるアプリケーション遅延，バックボーンネットワークにあるルータやスイッチで発生する伝送遅延などをすべて合計した時間が，実際に直面している遅延である。

　オンライン会議システムを使う場合，通信回線の遅延に加えて，アプリケーション自体にも遅延が生じている。ソフトウェアエンジニアである Takumin 氏の記事*によると，アプリケーション遅延は Zoom で 175 ミリ秒程度，Skype で 230 ミリ秒程度だという。この遅延は携帯電話よりも大きい。Bluetooth ヘッドセットを使うと，ここでさらに 220 ミリ秒程度の遅延が生じる。すると，Zoom ＋ Bluetooth ヘッドセットだと，聞き手には 400 ミリ秒程度の遅延が生じることになり，これは無視できない大きさである。上記の遅延は，発信された情報を聞き手が受け取るまでの遅延であるが，二者間のコミュニケーションであれば遅延はさらに大きくなる。発話者もヘッドセットをしていれば 220 ミリ秒加算される。また，発話者が何かを言い終えて，聞き手が「なるほど」などと相槌を返すとき，それが発話者に返ってくるには（相槌のタイミングにもよるが）片道の遅延時間の 2 倍以上かかるだろう。遠い昔，トランシーバーで会話していたときには，話者交代を知らせる合図として「Over」とか「どうぞ」などと言っていたようだが，もはやこれに近い合図が必要なレベルの遅延が生じている。

---

* https://note.com/taku_min/n/n30558aa3ebfa

ここまでくれば，三者以上のコミュニケーションになると何が生じるかを想像することは難しくないだろう。三者以上になると，話すタイミングがかぶってしまうという問題が生じやすい。かぶってしまうとお互いにいったん話すのをやめることが多い（やめない人もいるが，それはそれで別の問題につながる）。こうした状況では「どうぞお先に」などと発言権を譲り合っている間に時間がたち，こうしたテンポ感の変化から感情やモチベーションにも変化が生まれ，結果として議論の内容や到達点にも変化が生まれてしまうかもしれない。このようにして，オンライン会議は疲労を生み，議論の質にも影響が生じてしまう。

c) パケットロス

　パケットロスは映像・音声の「途切れ」につながる。この「途切れ」は知覚心理学的観点から見ると，いくつかの問題を生じさせる。

　まず，音声が途切れて空白の時間帯が挿入されると，非常に聞きにくくなる。これは音素修復と呼ばれる現象と関連している。音素修復とは，上記のような空白区間にノイズを挿入するとノイズの向こう側に音声があるように知覚され，聞き取りやすくなる現象である。現実場面で言えば，誰かがしゃべっているときに周囲の別の人が大きなくしゃみをしたりすると，話し手の音声信号は著しく損なわれるのだが，実際には会話に支障をきたすことは少ない。これはくしゃみというノイズのなかに音声が心の中で補完されて知覚されているからだと考えられる。ところが，通信場面で音声が途切れて空白区間ができると音素修復は生じないので，非常に聞きにくくなる。逆に言えば，通信が途切れたときに間髪入れずにノイズを再生できるようなシステムであれば，音素修復が生じて聞こえやすくなる可能性があるだろう。

次に映像であるが，映像が途切れる場合，モニタ上には途切れる直前のフレームの画像が静止した状態で残ることが多いだろう。オンライン会議では，話者の映像と音声が呈示される位置はずれていることが多い。典型的には正面に話者の映像が呈示されて，モニタの脇に置いてあるスピーカーや耳に装着したヘッドホン，つまり映像とは異なる位置から音声が呈示される。しかし，このような空間的なずれに気づくことはあまりない。これは，第2章で紹介した腹話術効果が生じているためである。腹話術効果は話者の映像で口が動いていることによって強力なものになる。したがって，静止画だと腹話術効果が起こりにくくなり，音声は話者の映像ではなくスピーカーから聞こえてきてしまう。なお，腹話術効果の低下はリップシンクがとれていないときにも起こる。腹話術効果が生じないと，「画面に映っている人がしゃべっている」という感覚が生じにくくなり，臨場感やリアリティの低下につながる可能性がある。

▶コラム　ゲーマーと通信遅延

　通信遅延については，ある種の人たちの間では以前から不満があったようである。日本の「インターネットの父」と呼ばれる慶應義塾大学の村井純教授が印象的なエピソードを紹介している。

　ある日，ブラジル在住のゲーマーから「自分が日本のユーザーとのオンラインゲームで負けた原因はあなたのサーバーだ。データの遅延時間が200ミリ秒もかかるインターネットを作ったせいだ」と苦情を受けたという。このゲーマーは，ブラジルと日本の間での往復遅延時間は50ミリ秒以内にしてほしいと言う。しかし，ブラジルと日本は2万キロ離れており，光の速さで往復しても133ミリ秒かかる。つまり，このゲーマーの要望は，光の速さを超えた通信を実現してほしいということである。

　この無理難題に対して，村井教授は何らかの手段で解決できるだろうとの見通しを述べていたが，興味深いことに，それを可能にする心理メカニズムの存在を示す結果が，2006年に報告された (Stetson et al., 2006)。キーを押した後に，光や音が（一定のタイミングで）遅延

して返ってくる状況がしばらく続くと，やがて遅延を感じにくくなるという発見である。この知見に基づけば，ゲームをし始めたときに感じる遅延も，遅延量が一定でさえあれば，やがて順応が生じて遅延を感じにくくなることになる。通信が光回線を通して実現されている以上，物理的に光の速さを超えることは不可能だが，光が伝わるための物理的な遅延時間は心理的には補正できるのである。この補正が生じるためには，運動と感覚フィードバックのラグが揺らぐことなく一定であることが要件となる。今後のネットの性能向上に際してはラグが一定であることを重要な指針としてほしい。

　ちなみに，村井教授の以下の指摘も興味深い。「遅延が200ミリ秒以内に収まれば，実質的にリアルタイムでの「対話」が可能になるため，地球上のあらゆる場所からインタラクティブに参加できるアプリケーションを作ることも可能である。逆に地球があと10倍大きかったら，VoIPすらできなかったに違いない」（VoIPとは「Voice over Internet Protocol」の略で，インターネット回線を利用して音声データを送受信する技術のこと）。つまり，地球がこのサイズで，光がこの速度で進むからこそ，こうした技術が開発され，普及しているというのである。

6.1.4　多感覚コミュニケーションの個人差

　ここまで，オンラインのコミュニケーションにおけるさまざまな情報とその時空間的構造の伝わり方について述べた。以前から対面場面で，これらの情報をフル活用してコミュニケーションをしていた人にとって，そうした情報の一部が欠落したオンラインコミュニケーションは不自由に感じられるかもしれない。一方で，オンラインコミュニケーションのほうが楽だと感じている人もいる。オンライン授業のほうがやりやすい学生（教員）と，やりにくい学生（教員）。オンライン会議のほうがやりやすい社員と，やりにくい社員。Zoom飲みを楽しいと感じる人と感じない人。こうした個人差はなぜ生じるのだろうか。さまざまな学問的視点からアプローチできると考えられるが，ここでは認知科学的視点として，認知資源の個人

差に焦点を当てる。

　まず，対面と比べてオンラインでは伝わる情報が減ることで，認知資源に対してポジティブな影響が生じる可能性が考えられる。認知資源とは脳の容量のようなもので，それを超えて多くのことを同時に処理することはできない。コミュニケーションでは，相手の声を聞いたり，表情を読み取ったりしながら，同時に考えたり記憶したりもしており，マルチタスク状況にある。マルチタスク状況では認知資源をそれぞれの作業に振り当てる必要があるが，資源が不足するとそれぞれの作業のパフォーマンスに影響が生じる。

　こうした認知資源の割り当てに関する現実的問題を検討した例として，外国語副作用の研究がある (Takano & Noda, 1993)。筆者も個人的に外国の研究者とやり取りするときに実感するが，外国語では会話だけで手一杯になってしまって，深く考えがまとまらないといったことが生じる。外国語副作用の研究対象は外国語だが，聞き取りにくい音声を処理するために認知資源を多く使っていると考えると，オンラインでのコミュニケーションで生じていることも本質は外国語副作用と同じかもしれない。

　認知資源が不足すると思考にも影響が生じるというのはネガティブな例だが，ポジティブな例もある。認知資源の総量は人によって異なる。対面では入力される情報の総量をコントロールできず，容量が小さい人はキャパオーバーしてしまう。一方でオンラインでは，映像をオフにするなどして入力される情報の総量をコントロールできるため，容量が小さい人は情報の入力を自身に見合った量に限定することで，対面よりも効率よくコミュニケーションをすることが可能になるかもしれない。つまり，伝わる情報が多ければ多いほどコミュニケーションがうまくいくと考えがちだが，必ずしもそうではないという視点である。

　ほかにも個人差の原因として，ふだんどのような情報にどのくら

い注意を向けているか，どのような非言語手がかりにどのくらい依存しているか，そしてどのくらい認知資源をもっていてそれをどのように配分しているかといった要因の違いが挙げられる。こうした点について研究が進めば，認知特性の個人差を考慮して，個人に最適化したコミュニケーション環境をデザインできるようになるだろう。

▶コラム　オンラインと相性がよいコミュニケーション形態とは

オンラインコミュニケーションは，学校の授業や会社の会議からZoom飲みに至るまで，さまざまな用途があり，それぞれにさまざまな形態がある。それぞれの形態ごとに，オンラインと相性のよいものもあれば，あまりよくないと考えられるものもある。

Zoom飲みには，例えば以下に挙げるようなメリットとデメリットがあると考えられる。メリットとしては，お金がかからない，移動不要，遠くの人と飲める，席順にとらわれない，気楽，顔を加工できることなどを挙げることができるだろう。

一方でデメリットは，会話，空間，味覚などいくつかに大別できる。まず，会話に関する部分のデメリットが大きいように思われる。具体的には，始終全員で会話せざるをえない，誰が発話を開始したのかがわからない（左上からスキャンしてしまいがち），ターン交替が難しい，会話に割り込みできない，物理的接触がない，視線を合わせにくい，話すと全員から見られる，相槌を打ちにくい・感じにくいなどといった要因を挙げることができるだろう。空間的要因もデメリットになりうる。飲み屋という空間を共有できない，BGMがないので沈黙が苦痛，仕事とプライベートの空間的区別がしにくい（家が映る，家族が登場する）といったデメリットが考えられるだろう。飲み会では味覚も重要な要素であろう。食べ物や飲み物を用意するのが面倒，飲み屋ほどにはおいしくない，食べ物をシェアできない，などといった要因もデメリットと言えそうだ。こうした認知的要因以外にも，飲み会を断りにくいとか，終電がないので終わりの時間が決まらないことなどもデメリットであろう。Zoom飲みを楽しいと感じる人と感じない人がいるのは，メリットとデメリットとして挙げられる要因のうち，どれを重視しているかによるだろう。

会議や授業にも，オンラインとの相性がある。オンラインに向いて

いる会議としては，各出席者から報告をする会議，一方通行で情報を配信する会議，多くの地点が参加する会議などが挙げられる。一方で，向いていない会議としては，ワークショップをおこなう会議，相手との距離を縮めるための会議などを挙げることができるだろう。

6.1.5　まとめ
——それでも，対面でコミュニケーションすることの意味とは

本節では，オンラインでの多感覚コミュニケーションの特徴について概観し，対面との違いについて論じた。ビデオ会議システムなどのオンラインコミュニケーション形態がもつ個々の問題は，小さなものかもしれない。しかし，それらが積もり積もると大きな影響が生じうる。それによって，コミュニケーションのゴール（商談の成立，有意義な議論，親睦を深めるなど）が達成されなくなってしまうかもしれない。オンラインではカメラの画面をオフにしたほうが楽に感じるとか，自分に合ったコミュニケーション形態に調整できるのは利点である。

　一方で，それはデメリットにもつながりうる。先に述べたように，それぞれが受け取る情報をコントロールできるということは，相手が自分からの情報をどれだけ受け取っているのかがわからないということでもある。相手が表情を見ていなかったり，通信の影響で「間」が伝わらなかったり，逆に意図せず雑音を伝えてしまうこともあるかもしれない。それが知らず知らずのうちに相手に影響して，その後の会話の内容や人間関係に影響が生じる可能性もある。

　コロナ禍でコミュニケーション形態に制約が生まれ，その制約のなかでコミュニケーションをとることで実感するのは，私たちはふだん，言語情報とさまざまな非言語情報を絶妙なバランスで発信し，そして受信して会話を成立させているということであろう。例えば，同じように「はい」と答えるにしても，即答するのと，間を

取ってから答えるのでは，伝わる感情は異なる。ところが，オンラインでは通信速度による遅れは常に一定ではないので，相手がどのタイミングで答えたかが正確には確認できない。この不安は発信側にも受信側にも存在する。こうした不確定性が不安につながり，積もり積もってコミュニケーションがうまくいかなくなり，やがて人間関係にも影響するかもしれない。

「ふつうのコミュニケーション」が，多数のマルチモーダル情報とそれらの時空間的構造がもつ「絶妙のバランス」のうえに成り立っていたことを実感できたことが，コロナ禍から得られた示唆のひとつではないだろうか。そして，ここにこそ対面でのコミュニケーションの本質があり，これからも対面でのコミュニケーションがその意義を失わない理由があるように思われる。

オンラインでのコミュニケーションは，従来はありえなかったさまざまな特殊状況を作り出している。対面では，10人の顔が一斉に飛び込むことも，話者が変わるたびに顔がどでかく飛び込むこともない。人類の長い歴史を考えても，こうしたコミュニケーション形態に人間は慣れておらず，現在は人間がもつ認知能力の限界を超えることを無理強いされている状況ととらえることもできる。一方で，人間は高い適応能力をもつ。今後，オンラインコミュニケーションの違和感が，慣れによってどの程度変化するのかも興味深い問題である。

6.2　多感覚コミュニケーションとコロナ禍 (2)
──マスク着用と多感覚コミュニケーション

6.2.1　マスク着用の文化差
　新型コロナウイルスへの感染を予防するための対策の一つとして，「マスク着用」は世界中に広まった。日本では以前から，日常

生活の中でマスクを着用することが普及していた。インフルエンザが流行している時期や，花粉が飛び交っている時期などには，街行く人々の相当の割合（データはないが，多いときには体感的に3分の1くらいの人たちが着用しているように感じる）が，マスクを着用していたように思う。なので，コロナ禍においてはほぼ全員がマスクを着用している。

一方で，欧米諸国では日常生活の中でマスクを着用する習慣がなかったため，根強い心理的抵抗もあった。一時は BBC などのメディアもマスク不要論を唱えた。そんななかでも，コロナ禍が続くことで，欧米でもマスクを着用する人々は増加した。WHO も当初はマスクの効果を重視していなかったが，途中から方針転換したこともマスク着用を後押しした。とはいえ，浸透には時間がかかり，ピーク時であっても「ほぼ全員」とは言えない状況であった。ドイツなどでは着用義務化への反発が生じたことがニュースになった。なお，ここでは「マスク着用＝善，非着用＝悪」という図式でとらえているわけではない点に留意されたい。

では，なぜ欧米人はマスク着用に抵抗があるのだろうか。欧米では，マスクは感染症，強盗やギャングを想像させることが多いようだ。また，欧米では予防には効果がないと認識されているが，日本では予防にも効果があると信じられていたようである。こうしたマスクのイメージや知識・信念のほか，同調圧力などの社会心理学的要因等も含めて，さまざまな観点から説明できそうだが，ここでは多感覚コミュニケーションの観点から，マスクによって口が見えなくなることによる影響に着目したい。

6.2.2　マスク着用がコミュニケーションに及ぼす影響

マスク着用は，コミュニケーションにどのような影響を及ぼすのだろうか。以下では，マスク着用がコミュニケーションに及ぼす影

組み合わせ	喜び＋中立	悲しみ＋中立	喜び＋悲しみ	中立＋中立
目のほうがポジティブ	⌢ ⌢ / —	•• / ⌢	⌢ ⌢ / ⌣	•• / —
口のほうがポジティブ	•• / ⌣	⌢ ⌢ / ⌣	⌢ ⌢ / ⌣	

図 6.1　Yamamoto et al. (2020) で用いた顔文字

響について，表情の読み取りへの影響，音声の聞き取りへの影響，
そして多感覚知覚への影響の 3 つの観点から検討していく。

　まず，表情の読み取りへの影響である。顔の表情を読み取る方法
は普遍的ではなく，文化差があることが知られている。第 4 章で
紹介したように，Yuki et al. (2007) の研究から，日本人は目元か
ら，アメリカ人は口元から表情を読み取る傾向が示されている。そ
の後の研究から，この傾向は日米に限定されるわけではなく，欧
米と東アジアに一般化できる可能性が示唆されている。Jack et al.
(2009) は，東アジア（主に中国人）の実験参加者と欧米の白人の
実験参加者を対象に，表情認知時の視線を計測した。実験の結果，
東アジアの参加者はおもに目元に視線を集中させ，鼻より下は見
ない傾向があった。一方で，白人参加者は口元も見る傾向があっ
た。また，筆者の研究グループでも日本人とオランダ人の学生を
対象に Yuki らと同様の実験をおこない（図 6.1），日本人は目元か
ら，オランダ人は口元から表情を読み取る傾向を示している (Ya-
mamoto, Kawahara, Kret, & Tanaka, 2020)。

　こうした「日本人は目，欧米人は口を見る」という研究結果は，
マスクやサングラスの日常的な着用と関連づけて議論されてきた。

最初にこの指摘をしたのは，調べられる限りでは平石界さんだと思われる。平石さんは2009年5月に，京都大学こころの未来研究センターのブログに「笑顔とインフルエンザの微妙な関係」と題した興味深い記事を投稿している（平石，2009）。当時，新型インフルエンザが流行していたが，大騒ぎしてマスクを着用しているのは日本人だけだという話がちらほら聞かれていた。この点について平石さんはYukiらの研究結果からの「妄想」として，日本人はマスクを着用するが，アメリカ人などではそうでもないのは，アメリカ人が表情を読むときには口元が重要なので，口元を隠してしまうマスクをすることを避けている可能性を指摘している。逆に，アメリカ人は抵抗なくサングラスを着用するのに日本人には抵抗があるのは，日本人が表情を読むときには目元が重要なので，サングラスで目元を隠している人を避けてしまうという可能性を指摘している。

　この考察は興味深く，コロナ禍においても日本では欧米の多くの国よりマスク着用率が高い理由を同様に説明することができそうだ。これをもとに考えれば，もしコロナウイルスが目から感染するウイルスであったならば，目を覆うサングラスを抵抗なく着用する欧米では，あまり感染が流行せずに済んだ可能性もあるのだろうか，などと変な妄想を膨らませてしまう。

　余談だが，私がとあるイベントでこの話をした際，イベントに参加していたITジャーナリストの西田宗千佳氏が私のプレゼンのスライドを写真に撮り，Twitterに投稿したところ，16万リツイート，43万いいね，という非常に大きな反響を得た。この出来事の後，とくにコロナ禍でマスク着用が日常化したこともあり，このトピックについてしばしば私のもとにメディアから取材が来るようになった。バズった経験自体は貴重な経験だが，自分自身の実験結果ではないので，この点については複雑な気持ちを抱いている。また，このスライドは一般向けイベントのために用意した資料なの

で，1枚1枚には引用文献を載せてはおらず，Twitterを見た人はあたかも私自身の研究結果や仮説であるかのように誤解してしまうかもしれない。この点は「そうではない」ということはたびたび申し上げているが，いかんせん私個人の情報発信力には限界があり，なかなか伝わっていないように感じている。また，その後もたびたび取材を受けて，そのたびに上記のことも含めて一通りの説明をしているが，一般にマスコミや記事の読者の方にとっては話の出どころよりも内容に関心があるようで，このあたりの経緯もなかなか伝わらないことが多く，歯がゆい思いをすることもある。もちろん筆者の研究テーマのひとつは，広くは顔や声を含むコミュニケーションの認知基盤とその文化差を解明することなので，研究テーマに含まれる話ではある。また，筆者自身もこのトピックに直接間接に関連する内容について研究しているので，最近は自身の研究結果も交えて話をしている。

続いて，音声知覚への影響について検討する。マスクは顔の視覚情報の知覚のみならず，音声の聴覚情報の知覚にも影響する。マスク越しの声はこもっていて聞き取りにくいと実感している読者も多いと思われるが，実際にマスク越しの音声では特定の周波数帯域が減衰しており，これが聞き取りにくさにつながりうる。

Magee et al. (2020) は，マスク着用時の発話の音響特性とその了解度について検討した。マスク無しと比べると，N95マスク（空気感染予防策を必要とする医療従事者や患者家族が着用するマスク）は 3 kHz 以上，サージカルマスクと布マスクでは 5 kHz 以上の高い音の成分が減衰していた（図6.2）。なお，ここでの条件間の違いには，マスク自体がもつ音響効果とそのマスクを着用したときのしゃべり方自体の変化の両方を含んでいる。参考として，加齢性難聴では 4000 Hz 以上の音が聞こえにくくなる。つまり，わかりやすく言えば，マスクを着けてしゃべっていると，聞いている

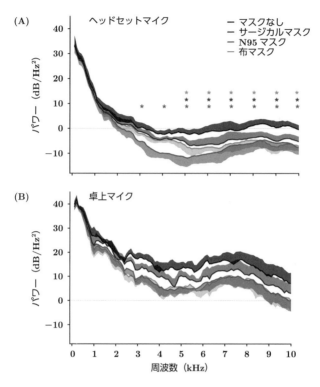

図 6.2　Magee et al. (2020) の音響解析の結果　→　カラー図は口絵 4

人にとっては加齢性難聴と似たような聞こえ方になる可能性がある
ということである。しかし，単語と文の聞き取り課題の成績を分析
したところ，詳細なノンパラメトリック分析ではマスク無しと比べ
てマスク着用時に一部のフレーズで若干の低下がみられたものの，
メインの全体的な分析ではマスク無しと比べてマスク着用時に単
語・文ともに了解度に統計的に有意な成績低下はみられなかった。
これらの結果から，筆者らは「マスクを着用すると声の音質は変わ
るが，聞き取りには影響ない」と結論づけている。この研究は重要

な研究であるが，筆者自身はもう少し慎重な議論が必要だと考えていて，この結果と結論が医療従事者に誤って伝わりそうなのでいくつか留意点を述べたい。

　第一に，この結果は理想的な聴取環境での結果なので，雑音下では変わる可能性がある。第二に，以下で述べるようにマスク着用時の音声コミュニケーション全般に適用できる結論ではなく，声の感情や印象については別に検討が必要であろう。第三に，これは聴覚のみでの結果だが，日常的な音声聴取では口の動きの視覚情報が重要である点も忘れてはならない。

　マスク越しの音声から感情を聞き取りにくいかどうかは不明であるが，音声の感情知覚では基本周波数（男性で平均 120〜150 Hz 程度，女性で平均 200〜250 Hz 程度）の帯域が重要であり，マスク越しにも感情知覚に必要な周波数帯域は伝わっている可能性が高い。つまり，マスクを着用したコミュニケーションでは相手の発話内容は聞き取りにくくなるが，感情の聞き取りにはさほど影響がなく，音声コミュニケーションにおいて言葉よりも感情の重みづけが高まっている可能性を指摘できる。

　では，マスク着用は多感覚コミュニケーションにどのような影響を与えるのだろうか。マスク着用時の音声知覚は，読唇に関する研究を踏まえると，マスクで口の動きが見えないために読唇による促進効果を期待できず，音声が聞き取りにくくなってしまうことが予測される。また，マスク着用時の感情認知は，口元の表情が見えないので視覚から得られる情報が限定された結果，音声の優位性が高まることが予測される。

　筆者はかつて卒論の学生と一緒に，顔の目元・口元を遮蔽した際の発話知覚と感情知覚について検討した（岸，2013，未公刊）。実験の結果，目元を遮蔽したとき（図 6.3b，サングラス着用に近似）には発話知覚には影響はないが，感情知覚の成績が低下した。一

a. 口遮蔽条件

b. 目遮蔽条件

c. 目口遮蔽条件

d. 全遮蔽条件

e. 全体呈示条件

図 6.3　顔の目元・口元を遮蔽した際の発話知覚と感情知覚の実験条件
（岸，2013，未公刊）

方，口元を遮蔽したとき（図 6.3a，マスク着用に近似）には感情知覚に影響はないが，発話知覚の成績が低下した。また興味深いことに，目元と口元を両方遮蔽した条件（図 6.3c）における発話知覚と感情知覚の成績は，顔が完全に見えないとき（図 6.3d）よりも高かった。このことは発話や感情の知覚で顔の視覚情報を利用する際には，目元や口元のみならず，眉，頬などの顔面全体の情報が手がかりとして利用できていることを示唆している。

　世界規模のコロナ禍において，なぜ米国や欧州の国々と比べて日本では感染が拡大しなかったのだろうか，という問題を目にすることがある。これにはさまざまな要因が複合的に絡み合っているので確定的なことは何も言えないが，日本人は他者の感情を読み取るときに目元の情報を重視するのでマスク着用に抵抗がないという要因に加えて，口元を隠されても（聴覚的に）声色という手がかりをうまく使えることもマスク着用の促進につながり，これが結果として感染拡大を食い止めた要因の一つである可能性を指摘したい。

6.3 コロナ禍と未来の多感覚コミュニケーション

　文化によってコミュニケーション様式が異なることが，多感覚コミュニケーションにおける情報バランスの文化差を生み出してきたと考えられる。であれば，今後，技術やライフスタイルの変化によってコミュニケーション様式が変化していけば，それに応じた情報バランスの変化が生まれるだろう。いままさに直面しているのが，コロナ禍によるライフスタイルの変化（マスク着用，テレワーク）であり，通信技術を活用した新しいコミュニケーションツールの普及である。例えば，マスクを着用した相手とのコミュニケーションが続くことで，相手の目元を注視する傾向が高まり，口元への依存度が低下する可能性がある。また，オンライン会議が続けば，映像と音声の時間ずれに対する感受性が変化したり，コミュニケーションにおける間合いの取り方やジェスチャーの取り入れ方にも変化が生じたりするかもしれない。

　ここで浮かび上がってくる可能性は，欧米人も口元や顔全体が見えにくい相手とコミュニケーションすることを強いられれば，日本人と同様に目と口では目優位，顔と声では声優位の傾向が高まるのではないかという仮説である。くしくもコロナ禍によって，オランダを含むヨーロッパ地域ではマスク着用が日常的にみられるようになった。この状況が長く続くことによって，ヨーロッパの人たちも日本人のように顔の注視パターンが変わり，声優位性が高まるかもしれない。このように認知の文化差とは永続するものではなく，文化の変化にともなって認知にも変化が生まれていく。コロナ禍が生んだマスク着用の習慣は，やがてこうした五感の使い方の文化差にも影響をもたらすようになるのかもしれない。

　大人における変化もさることながら，今後考えていく必要があるのはコロナ時代に生まれ育つ子どもたちの未来である。乳児が臨界期のうちに顔の下半分を見ないで育ったとき，「正常」（これまで

と同様）に顔の全体処理能力や表情認知能力を獲得できるのだろうか。マスク越しに周波数特性の変化した音声を聞いて育った乳児は，正しい音韻カテゴリを獲得できるのだろうか。マスクで口の動きと音声の対応関係が見えずに育った乳児は，視聴覚統合能力を身に付けることができるのだろうか。認知科学者には今後，マスク着用が認知発達に及ぼす影響について検討し，適切な対応策を提案していくことが求められるのではないだろうか。

第7章 マルチセンソリー・ヒューマン

　最後の第7章では，本書全体のまとめと展望を述べる。7.1節では，これまでの内容を整理し，人間の多感覚性の特徴を指摘する。次に，7.2節では「感覚モダリティ」という概念を再考し，7.3節では単一感覚情報処理の意義についても考えてみたい。さらに7.4節では今後の展望として，本書で扱ってきた問題を人間の認知システム全体に位置づけ，今後の研究展開の可能性と応用的示唆について述べる。

7.1　ここまでのまとめ

7.1.1　多感覚知覚研究から見えてきたこと

　第1章から第6章までの内容を簡単にまとめると，以下のようになるだろう。

　第1章では，知覚は心の入口であり，複数の感覚器を通して入力された情報は脳で統合され，多感覚相互作用が生じることを述べた。私たちの主観的体験は複数の感覚情報が統合された結果として生まれるものであり，人間の心は必然的に多感覚的である。

　第2章では，多感覚知覚研究の現状を紹介した。多感覚統合を実現するためには，脳が複数感覚間のバインディング問題を解く必要がある。このとき，複数情報間における時間・空間・内容的手が

かりの一致が重要であり，複数情報間でこれらの手がかりが一致する場合，一致しない場合における多感覚統合の知見を概観した。また，多感覚統合におけるモダリティ優位性がどのように生じるのかを概説した。

第3章では，多感覚コミュニケーション研究にフォーカスした。人間のコミュニケーションでは，音声の理解にも聴覚のみならず，視覚から入力される口の動きの情報も用いられるし，相手の感情を推測する際には表情やジェスチャーなどの視覚情報のみならず，声色など聴覚から入力される情報も利用される。こうした多感覚コミュニケーションのなかでも実証的研究が進んでいる視聴覚音声知覚と視聴覚感情知覚を中心にこれまでの知見を紹介した。視聴覚音声知覚は言語情報，視聴覚感情知覚は非言語情報の多感覚知覚に基づいたコミュニケーションの一部分と位置付けられる。

第4章では，多感覚コミュニケーションの文化差に着目した。思考や対人関係などの高次の心的過程のみならず，文化の違いは，知覚という比較的低次の情報処理プロセスにまで影響するのだろうか。顔と声からの感情知覚に着目し，感情情報の多感覚統合には明確な文化差があることを示した自身の一連の研究を紹介した。また，文化差を生み出す要因として，感情の表出と知覚における違い，文化心理学的視点，言語学的要因など，さまざまな観点から解釈を試みた。

第5章では，多感覚コミュニケーションに多面的に迫る試みを紹介した。現在進行中の研究も多いが，多感覚コミュニケーションの行動の神経基盤を理解すること，行動を発達，文化，進化という3つのタイムスケールで検討すること，感情知覚をロボットと人間，そして視覚・聴覚・触覚で比べることを通して，多感覚コミュニケーションの成り立ちと特徴を浮き彫りにすることを目指した。

第6章では，コロナ禍での多感覚コミュニケーションを探るた

めに，オンラインでのコミュニケーションとマスク着用時のコミュニケーションに着目した。こうした「ふつうではないコミュニケーション」をコロナ禍で不可避的に体験し，それらをきっかけに認知科学的な分析をおこなうことで，「ふつうのコミュニケーション」が，多数のマルチモーダル情報とそれらの時空間的構造がもつ「絶妙のバランス」の上に成り立っていたことを理解することができた。

7.1.2　マルチセンソリー・ヒューマンの特徴

　ここまで見てきたとおり，私たち人間は常に複数の感覚からの情報入力を受けており，それらの情報はさまざまなレベルで相互作用している。身のまわりの物体を認識するときにも，話し相手とコミュニケーションをとるときにも，多感覚相互作用は常に生じている。多感覚相互作用はいくつかのタイプに区分でき，それぞれの原理に従って相互作用が生じている。それぞれのタイプで報告されている現象はそれ自体も大変興味深く，私たちの素朴な人間観，つまり「視覚は目から，聴覚は耳からの入力によって実現されている」という「常識」を覆し，「視覚や聴覚などの感覚は，単一の感覚器官ではなく，さまざまな感覚器官からの入力が脳内で相互作用することによって実現される」という新たな人間観を提示する。ここではこの人間観を「マルチセンソリー・ヒューマン」，つまり多感覚的な動物としてのヒトと名付け，その特徴についてまとめてみたい。

　まず第 1 章で区分したとおり，多感覚的（マルチセンソリー）な現象はいくつかに区分できる。マルチモーダルというのは，複数の感覚を「組み合わせる」ことに軸足を置いた表現で，クロスモーダルというのは，複数の感覚を「またぐ」ことに軸足を置いた表現である。アモーダルというのは，感覚を「超える」という含意があ

る。超えた結果として，抽象的な表象となって感覚性をもたないという意味で用いられる場合と，いくつかの感覚に共通した属性という意味で用いられる場合がある。

これらの区分はさらに細分化される。例えばマルチモーダルな現象に関して，複数感覚情報を組み合わせた結果としてさまざまな現象が生じうるが，これらは促進，干渉，バイアス（吸引），創発などのサブタイプに分類することができる。

促進とは，感覚情報 A と感覚情報 B が呈示されたとき，A 単体または B 単体のいずれかベターなほうから得られる正答率や反応時間よりもパフォーマンスが向上することを指す。例えば，ある顔の表情 A が単体で呈示されたときの正答率が 80% で，回答に要する反応時間が 1000 ミリ秒であり，ある音声表現 B が単体で呈示されたときの正答率が 60% で，反応時間が 800 ミリ秒であるとする。このとき，表情 A と音声 B を組み合わせて呈示されたときに正答率が 80% を上回れば，正答率に促進が生じたとみなすことができる。同様に，反応時間が 800 ミリ秒より短くなれば，反応時間に促進が生じたとみなすことができる。

干渉とは，感覚情報 A と感覚情報 B が呈示されたとき，A 単体または B 単体のいずれかパフォーマンスの低いほうから得られる正答率や反応時間よりもパフォーマンスが低下することを指す。上記の例でいえば，表情 A と音声 B を組み合わせて呈示されたときに正答率が 60% を下回れば，正答率に干渉が生じたとみなすことができる。同様に，反応時間が 1000 ミリ秒より長くなれば，反応時間に干渉が生じたとみなすことができる。

バイアス（吸引）とは，感覚情報 A と感覚情報 B が呈示されたとき，A 単体から得られる回答と B 単体から得られる回答のいずれかに大きく影響されることを指す。例えば，腹話術効果では，人形の位置（視覚情報 A）と実際に発声している人間の位置（聴覚

情報 B）がずれているとき，音源を回答させると人形の位置に近い場所を指さす。つまり，視覚情報 A に大きく影響を受け，知覚される音源位置が視覚情報 A に吸い寄せられる。

　創発とは，感覚情報 A と感覚情報 B が呈示されたとき，A 単体から得られる反応と B 単体から得られる反応のいずれとも質的に異なる反応が得られることを指す。例えば，マガーク効果では，口の動き（視覚情報 A）が「ガ」，発声（聴覚情報 B）が「バ」のとき，何と言っているかを回答させると「ガ」でも「バ」でもなく「ダ」という第三の音節を回答する。つまり，感覚情報 A でも感覚情報 B でもない，新たな情報 C が創発される。

　以下では，マルチセンソリー・ヒューマンの特徴を 4 つほど挙げたい。

①五感は独立には存在しない

　物体の認識も，コミュニケーションにおける他者の認識も，自己の認識も，知覚はすべて多感覚的である。ここでいう多感覚的とは，単に感覚の足し算ではなく，上で分類したような多様な現象を指している。例えば上で説明した「促進」は，単に A と B の「足し算」では説明することができず，そこに何らかの相互作用が生じたことを示している。迅速に敵を察知して逃げるといった場面では，マルチモーダルに知覚することが進化の過程で適応的だったためにこのような知覚特性が備わっていると考えられる。単一感覚の情報で十分に思われる状況もあるが，冗長に見えても処理に要する時間が短縮されるなどの意味がある。このようなシンプルな現象も，単に単一感覚の処理が終わってから多感覚知覚が生じると仮定するだけでは説明できない。このように，多感覚知覚の現象はそれ

ぞれの感覚に分けて要素還元的に理解することは難しい。こうした知覚を支える脳も本質的に多感覚的であり，広範な領域にまたがるネットワークの活動から多感覚知覚が生み出されている。

②人間は異なる感覚からの入力をまとめたがる

多感覚統合の手がかりは，時間・空間・内容的一致である。しかし，多少の不一致があっても，つい異なる感覚からの入力を結び付けてしまう。このことを示すのがマガーク効果や腹話術効果といった錯覚であり，不一致な情報があっても，どうにか統合してしまう人間の特性が垣間見られる。

③人間は視覚優位ではない

視覚は空間解像度が高く，聴覚は時間解像度が高いなど，それぞれの感覚には得手不得手がある。「人間は視覚優位な動物」と言われることがあるが，実際には特定の感覚入力が常に優先されるのではなく，そのとき必要かつ信頼できる情報が強く重みづけられる。

④多感覚知覚のありようは発達段階や文化的環境に応じて変化する

それぞれの文化的環境に適応するために感覚間の重みづけに文化差が生まれる。今後もマスクを着用して暮らしたり，テレワークを続けたりするなど，新しい文化的環境に応じて変化が生まれるだろう。発達的変化に関する検討はまだこれからだが，おそらくそれぞれの発達段階で効率よく言語を獲得したり，他者と円滑にコミュニケーションしたりするために感覚間の重みづけが変化しているのだろう。

7.2 そもそも「感覚モダリティ」とは何か

本書では，視覚，聴覚，触覚といった感覚モダリティが存在し，それぞれの処理を担当する脳部位（感覚野）があることを前提としてきた。しかし，視覚障害者，聴覚障害者から得られた知見からは，そうした前提を覆しうるような報告が集まりつつある。

視覚障害者を対象とした研究からは，視覚野が視覚以外の感覚入力に対する処理に寄与していることが示されている。Sadato et al. (1996) は，陽電子断層画像法 (PET) を用いて，早期失明者が指先で点字を読むときに視覚野が活動することを発見した。Sadato et al. (1998) では，同様の課題において，早期失明者では視覚野が活性化し，二次体性感覚野は活性化していなかったが，反対に晴眼者では視覚野は活性化せず，二次体性感覚野が活性化することを示した。

さらに Sadato et al. (2002) は fMRI を用いて，点字を読むときの脳活動について，視覚を失った時期による影響を検証した。実験の結果，早期失明者群（16 歳未満で失明）および途中失明者群（16 歳以上で失明）ともに視覚連合野が触覚弁別課題により活動したが，一次視覚野の活動は早期失明者群のみでみられた。つまり，ある時期を境に，それ以降に視力を失った場合には，失明するまで目からの信号が視覚野に届くという「正常」な状態でずっと過ごしてきたために，視覚野の可塑性は限定されてしまうのである。

では，早期失明者にとって，点字を読むために視覚野の活動は不可欠なのであろうか。Cohen et al. (1997) は，経頭蓋磁気刺激法 (TMS) を用いて視覚野を刺激して，視覚野の機能を一時的に低下させた状態で点字を読む実験をおこなった。もし視覚野が触覚入力された点字の分析に不可欠であるならば，視覚野の活動低下にともなって，点字の読み取り課題の成績も低下するはずである。実験の結果，視覚野を刺激した条件において正常な視力をもつ晴眼者の

成績には変化がないのに，早期失明者では成績が低下した。すなわち，視覚野の活動は単に付随的なものではなく，触覚から入力された点字を「読む」ために不可欠な活動であることが示された。これらの研究結果は，視覚野は必ずしも視覚入力のみを処理しているわけではなく，触覚から入力された点字を「読む」ことにも寄与していることを示している。

このほかにも先天盲者を対象とした研究からは，聴覚 (Lessard, Paré, Lepore, & Lassonde, 1998)，温度感覚 (Slimani, Ptito, & Kupers, 2015)，嗅覚 (Kupers, Beaulieu-Lefebvre, Schneider, Kassuba, Paulson, Siebner, & Ptito, 2011) の精度が高いことが報告されており，そうした能力の多くには視覚野の関与が示されている。一方，味覚の精度は向上しないようである (Gagnon, Kupers, & Ptito, 2015)。

視覚障害者では，視覚野が聴覚や触覚などの入力を受け取ることが示されたが，聴覚障害者を対象とした研究からは，また異なった形で視覚野と聴覚野がクロスモーダルに感覚入力を受け取ることが報告されている。

近年，聴覚を補償する技術として人工内耳が多くの患者に利用されてきている。人工内耳は現在のところ，「最も成功した人工臓器」といわれており，感音性難聴の患者の内耳に埋め込み，音を周波数分解して電気信号に変えて，直接電気刺激を与えることで人工的に聞こえを作り出す技術である (図 7.1)。人工内耳による聴覚の獲得は，それまでのろう者であった期間に形成されたネットワークとは異なる形で皮質の再構成を引き起こす。人工内耳装用者では聴者と比べて，視覚野および聴覚野においてクロスモーダルな活動が高いことが報告されている。視覚刺激に対する聴覚野の活動は，ろう者であった期間に生じた皮質の再構成を反映しており，人工内耳への適応と負の相関を示す (Chen, Sandmann, Torne, Bleichner, &

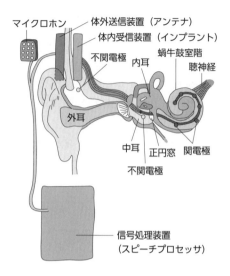

図 7.1　人工内耳（加我，2015 を参考に作成）

Debener, 2016; Sandmann et al., 2012)。つまり，ろう者であった期間に聴覚野に音信号が届かなかったことで，代わりに視覚刺激の処理に利用され始めてしまい，その後，突然音信号が届くようになっても，音信号の処理ができなくなってしまうようである。したがって，人工内耳によって聴覚を獲得するには，装用開始時期が重要になってくる。一方，聴覚刺激に対する視覚野の活動は，人工内耳入力に対する適応の結果として生じる皮質の再構成を反映していると考えられ，音声言語理解を促進する (Chen et al., 2016; Giraud et al., 2001)。

　では，こうした感覚入力に対する大脳皮質の感覚野のクロスモーダルな活動は，晴眼者にはみられないのだろうか。Pascual-Leone らは成人に目隠しをして 5 日間過ごしてもらうという実験をおこなった (Pascual-Leone & Hamilton, 2001)。fMRI で検証したとこ

ろ，音や手指への刺激に対しても視覚野の賦活が出現することが報告されている。つまり，5日間のうちに実験参加者の視覚野は目から信号が来ないことで，視覚野が触覚と聴覚の処理をするようになったということである。体性感覚野および聴覚野と視覚野の神経連絡経路はもともと存在しているが，視覚入力がなくなることで，それまで抑制されていた他の感覚信号が抑制を解除されて入力され，処理され始めるのだと考えられる。この研究では目隠しを外して12時間から24時間でこのような脳の活性化がみられなくなったので，短期的な効果なのかもしれない。しかし，これらの結果は，脳の可塑性が幼児期に完全に消失するかどうかという議論に示唆を与える結果である。さらに，5日間という期間を経ずとも，晴眼者が目隠しをされて指で触覚を用いて点字を読むだけでも一次視覚野が活動するとの報告もある (Merabet et al., 2007)。

　こうした脳のクロスモーダルな可塑性に関する知見に基づけば，視覚障害者に対して音を使って世界を「見る」技術を開発できるという可能性が浮上する。Meijer らは画像を音に変換するデバイス「vOICe」を開発し (Meijer, 1992)，視覚障害者の支援技術とするための研究を進めている。カメラが一定間隔で景色をスキャンし，その画像を一定のルールに従って音に変換する。具体的には，冒頭に聞こえる音は景色の左側に位置する物体，あとのほうに聞こえる音は右側の物体に対応する。低い音は視野の下側に位置する物体，高い音は視野の上側に位置する物体に対応する。音の大きさは視野の明るさと対応する。つまり，「／」のような物体が映っていれば，上昇する音階として音に変換される。

　また，Amedi らはスマートフォンで作動し，画像を音に変換するデバイス「EyeMusic」を開発して研究を進めている (Abboud et al., 2014)。EyeMusic では，色は音色（楽器）の種類で区別される。例えば，白は人の声，青はトランペット，黄はバイオリン，

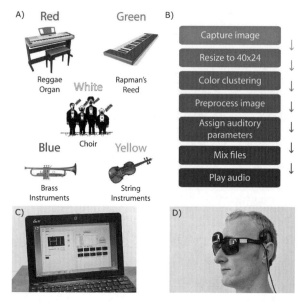

図 7.2　EyeMusic の概念図　→　カラー図は口絵 5
(Abboud et al., 2014)

赤はオルガン，黒は無音といった具合である（図 7.2）。訓練を受けることで，先天盲者でも文字や数字，物体，顔などを識別できるようになる (Amedi, Hofstetter, Maidenbaum, & Heimler, 2017)。喜んだ顔であれば，口元の輪郭をメロディにすると，高い音が低くなり，再び高くなる（U 字形カーブを描く）。怒った顔であれば低い音が高くなり，再び低くなる（逆 U 字型カーブを描く）。

　画像を音に変換することで文字を認識するトレーニングを受けた視覚障害者の脳活動を調べたところ，晴眼者が文字を認識するときと同じく，視覚野 (visual word form area) が活動していた (Striem-Amit et al., 2012)。人間の脳は，成長過程で視覚的な経験を通して，物体を認識できるようになると考えられてきた。しか

しこの実験結果は，入力される情報がどの感覚に由来するものであれ，目の前に広がる景色は視覚野で分析されるのであり，それをつかさどる脳領域には変わりはないことを示唆している。

　では，「視覚野」とは何をつかさどる脳領域なのだろうか。視覚野の可塑性には大きく二つの見解がある。第一に，視覚入力を剝奪されると，視覚野は他の認知機能に代用されるという考え方である。第二に，視覚入力がなくても，視覚以外の感覚入力を用いて，健常者では視覚を活用しておこなう課題（ナビゲーションなど）を遂行するのに関与するという考え方である。ここまでに紹介した研究は後者を支持しているといえるだろう。つまり，感覚野は特定の感覚モダリティの信号入力を処理する領域ではなく，入力モダリティによらず特定の課題を実現するための領域であるという可能性を示唆している。言い換えれば，脳のどの部位が活動するかは，刺激の呈示モダリティではなく，課された課題によって決まるということである。例えば「視覚野」は視覚を処理する領域ではなく，入力モダリティによらず，ナビゲーションなどの空間的課題を実現するための領域であると解釈できる。こうした結果に基づけば，脳は「感覚を分担するマシン」ではなく，むしろ「役割を分担するマシン」だといえるだろう (Amedi et al., 2017)。

　もちろん，おそらくそれぞれの機能を遂行するのには適した感覚モダリティがある。例えば，視覚は聴覚と比べて空間解像度が高いため，視覚野が空間処理をつかさどるのだとすれば，視覚野にとって理想的な感覚入力は視覚入力ということになる。しかし，視覚入力が得られなくなれば，次善策となる感覚入力を受け付けて，何とか必要な課題を遂行しようとする。その結果，それまで抑制されていた他の感覚信号が抑制を解除されて入力され，処理され始めるのだと考えられる (Merabet et al., 2005)。

　こうした知見を踏まえると，各感覚モダリティに対応する脳の部

位を区分するという方法は，正しくないとまでは言わなくとも，唯一の区分ではないのかもしれない。脳にはこれまで想定されていた以上に可塑性があり，ある脳部位で感覚入力が遮断されたら，その部位に働きかけるための代替経路を見つければよいということになる。例えば，視力を失ってしまったら，視覚野に対して目からの視覚入力は遮断されるが，代わりに耳や皮膚からの感覚入力が視覚野で積極的に処理されるようになる。つまり，視覚や聴覚といった感覚入力で脳を区分（視覚野，聴覚野など）するよりも，現実場面で要求される課題（空間的判断，時間的判断など）をリストアップして，それらの課題に対して五感がどのように関与しているのかという問題設定のほうが脳の区分と整合する可能性もあるだろう。結果的には，「視覚野」と呼ばれていた領域は「空間野」と呼んだほうが正しいという話になるかもしれない。目や耳といった感覚器官の違いはあるものの，最終的に実現される知覚は感覚器官と一対一で対応しているわけではないため，極論を言ってしまえば「視覚」「聴覚」という区分自体が存在しないという考え方も可能かもしれない。Amedi らの研究はそうした考え方へとつながりうるものであり，正しいかどうかは現時点ではわからないが，興味深い。

　現在の認知神経科学の教科書は，「第1章：視覚」，「第2章：聴覚」などのように感覚入力で区分されている。しかしこのような考え方で研究が進んでいけば，「第1章：空間処理」，「第2章：時間処理」のように，認知神経科学の教科書の目次が根本的に変わる可能性もあるのかもしれない。

7.3　感覚を限定することの意味

　本書では，知覚やコミュニケーションの多感覚性に着目してきた。人間の情報処理の研究でも多感覚知覚の研究が隆盛し，情報呈示デバイスの研究開発でもマルチメディアは遥か昔に定着し，五感

情報通信やVRが全盛のご時世では，単一感覚の情報処理，そして情報呈示について，どうとらえればよいのだろうか。

　まず，感覚情報は常にたくさんあったほうが有利かといえば，そうではない。入力される情報が多すぎる場合，そのうちのごく一部にしか注意を向けることができないし，それぞれの情報に対して十分な認知資源を投入できなくなる。結果として，入力が多いほど処理が不十分になるという事態が起こりうる。このように，人間の情報処理容量は有限であるという事実を見落としてはならないだろう。別の研究分野の話になるが，「Less is more」仮説と呼ばれる考え方がある (Newport, 1990)。子どもが言語獲得する際に，記憶容量などの認知能力が大きいほど有利なようにも思われるが，実際には人間の認知能力は非常に限られているのはなぜかという問いがある。この問いに対して，むしろ認知能力が限定されているからこそ言語獲得が促進されるという考え方が「Less is more」仮説である。単一感覚と複数感覚の情報処理を比較する際にこの考え方を当てはめるなら，単一感覚からの入力 (less input) のほうが，複数感覚からの入力よりも効率がよい (more efficient) という事態も起こりうるだろう。情報を音だけに限定することによって，聞き手はすべての注意を音に集中させ，すべての認知資源を音の分析に投入することができる。結果として，視覚などの多感覚情報を同時に処理しなければならない状況と比べて，音の細部まで分析して，例えば相手の話し声の声色の変化に敏感になったり，音楽演奏に込められた微かなニュアンスを感じ取ったりすることができる可能性がある。

　実際に「音のエキスパート」たちは，「平均的な」人たちとは異なった形で音を知覚しているようである。視覚障害者は，視覚に頼らずに日常生活をおこなうために，音を頼りにすることが多い。いわば，音の究極のエキスパートである。視覚障害者が音を聞いたと

きには，課題にもよるが，とりわけ空間的判断を要する場合には晴眼者よりも視覚野が大きく活動することが知られている（レビューとして Merabet & Pascual-Leone, 2010 など）。こうした知見は，聴覚に頼って生活することで，脳の情報処理がそれに特化した形で再構成されることを示唆している。

　また，もうひとつの音のエキスパートとして，音楽家に着目すると，Schlaug et al. (1995) は，絶対音感のある音楽家は左右の側頭平面 (planum temporale) の非対称性の程度が，絶対音感のない音楽家や非音楽家より大きいことを報告している。Dohn et al. (2015) は，絶対音感のある音楽家は両側の上側頭回の皮質が厚いことを報告している。つまり，音楽経験は脳の構造をも変えてしまいうることが示唆される。こうした知見を踏まえると，特定の単一感覚を使い続けることは脳の構造と機能に変化をもたらし，その感覚から最大限の情報を得られることにつながるのだと考えられる。

　そう考えると，単一感覚の情報呈示手段というのは人間の潜在能力を開花させる可能性をもっているのかもしれない。メディアや通信手段のなかには，複数感覚の情報呈示が主流のものと，単一感覚の情報呈示が主流のものがある。ここでは後者に注目すると，まず視覚情報のみを伝えるメディアは，新聞や書籍，（音のない）ウェブサイトなど多数存在する。視覚情報のみでの通信手段としては，メールや LINE のトークなどが代表的であろう。一方，聴覚情報のみを伝えるメディアとしては，ラジオやポッドキャスト，オーディオブックなどを挙げることができる。聴覚情報のみでの通信手段としては，電話が代表的であろう。

　ラジオは基本的には音だけのメディアなので，映像も加わるテレビと比べて情報量が限られてしまい，結果として伝わる内容も限られてしまうと考えられてきた。実際に，ラジオ業界は長期的には低迷している。しかし，東日本大震災のときには電池やソーラー充電

で停電中でも使えるラジオのもつインフラとしての重要性が見直された。また，絆や安心感を伝えるメディアであると言われることもあった。ラジオがもつ利点はさまざまな視点から論じることができるが，ここではラジオがもつ単一感覚メディアという特性に着目して，認知的側面からラジオの利点について述べたい。

　ラジオでは，情報を発信する側も聴覚だけで情報を伝えるためにさまざまな工夫をしているという。テレビのアナウンサーや出演者は表情や身振りも含めてリスナーに情報を伝えることができるが，ラジオのアナウンサーやパーソナリティは声だけですべてを伝える必要があり，おそらく話し方には何らかの特徴があるはずだ（そうした分析をした研究は筆者の知る限りでは存在しないが，興味深い）。そして，そうした表現に日々接していれば，聴覚から情報を受け取る能力が鍛えられる可能性がある。

　ラジオのヘビーリスナーは，毎日かなりの時間，ラジオと接している。1日6時間とすれば，年間2,000時間，10年間で20,000時間の経験を蓄積することになる。エキスパート認知の研究では，ヴァイオリニストの練習時間と演奏スキルの関連に関する研究結果 (Ericsson, Krampe & Tesch-Römer, 1993) をもとに，10,000時間以上という基準が用いられることがある（ただし，この結果の再現性については議論がある。Macnamara & Maitra, 2019 参照）。これに従えば，ラジオのヘビーリスナーは音のエキスパートだとみなすこともできるだろう。彼らの脳の機能と構造，そして聴覚や他の感覚の情報処理様式がどのような特性をもつのかを検討することは興味深い。

　このように見てくると，聴覚メディアであるラジオや電話には，あえて音だけに限定することがもつアドバンテージがあるように思われる。実際，AIスピーカーの普及やそれと連動した「耳活」の一般化によって，オーディオ・コミュニケーションへの注目度は高

まっており，今後も研究が進むことを期待したい。また，情報はたくさん伝えれば伝えるほどよいというわけではない。その事実は，今後の五感情報通信技術の研究開発を進めるうえでも，留意すべき点であろう。認知科学者としては，単一感覚に着目した伝統的な知覚研究では特定の感覚に注目した状況での人間のふるまいを検討しており，五感からさまざまな情報が入力される現実場面に即していないパフォーマンスを検討している可能性があることを肝に銘じる必要もある。逆に言えば，単一感覚に注目したアプローチでは，人間の潜在能力を検討できるという見方もできるかもしれない。

7.4 今後の展望
——本書で扱えなかったこと

7.4.1 多様な多感覚知覚との接点

本書では広い意味での多感覚研究のうち，限られた事例に着目せざるをえなかったが，本書で扱えなかったトピックにも多感覚研究とみなしうるものは多数存在する。本書で扱ったトピックとも関連性が高いものとして，オノマトペ (onomatopoeia) や音象徴 (sound symbolism)，感覚間協応 (cross-modal correspondence)，共感覚 (synaesthesia) などを挙げることができる。オノマトペ (窪薗，2017) や共感覚（浅野・横澤，2020）についてはそれぞれ詳しい書籍があるので，ぜひそちらをお読みいただきたい。

オノマトペとは，鳴き声や物音などの聴覚情報を言語音によって模した擬音語と，触感やにおいなど聴覚以外の感覚や感情を言語音により模した擬態語の総称であり，五感を言語音（聴覚）で表現したクロスモーダル表現ということができるだろう。日本語には他の言語と比べてもかなり豊富なオノマトペ表現がある。Saussure (1916) が指摘するように，音声とその指示物の対応関係は恣意的

であり，赤くて丸くて酸っぱい果実を指す単語が「リンゴ」であることに必然性はない。しかし，オノマトペでは言語の音と意味との間に何らかの結びつきが見られる場合がある。「プニュプニュ」というオノマトペが固いものを指すとしたら，違和感があるだろう。このような音声と指示物との対応関係は音象徴と呼ばれ，クロスモーダルな知覚と密接に関連していると考えられる。

　世の中には，音象徴に見られるような音と事物の結びつきをもっと明確にもち，「ある音から色が見える」「味に形を感じる」という人も存在し，共感覚者と呼ばれる。共感覚とは，ひとつの感覚刺激によって別の知覚が引き起こされる現象を指している。共感覚は一部の人しか持っていないと考えられるが，誰にでも備わっているものとして，感覚間協応が挙げられる。感覚間協応とは，本来は独立であるはずの感覚モダリティ間の特徴同士に結びつきが見られることを指す。例えば，単音に対して最も合うと感じる色を選択させると，ピッチの高い音には明るい色が選択される傾向がある (Ward, Huckstep, & Tsakanikos, 2006)。これは，音の高さと視覚的な明るさの間に協応が存在することを示している。

　共感覚や感覚間協応は，オノマトペや音象徴と同様に，脳のクロスモーダル性を示す現象である。こうした現象の通言語性・通文化性を検討することは脳の多感覚情報処理の可塑性を検討するうえで有用であろう。例えば，「ドンドン」というオノマトペは「トントン」よりも大きな物体の音を指すことは，日本語を母語とする多くの人にとっては自明に思われるが，中国語母語話者にとってはそうではないという（針生・趙，2007）。こうしたオノマトペに関する知見が，本書で取り上げた日本人ないし日本語母語話者の聴覚優位性と関連しているのかどうかは興味深い。

7.4.2 知覚から認知へ
——認知システムの基盤としての多感覚知覚

本書では，知覚やコミュニケーションという認知科学における重要なトピックに対して，多感覚という視点からアプローチを試みた。一方で，概念，思考，記憶といった認知科学における他の重要なトピックとは基本的に独立する形で，多感覚知覚，そして多感覚コミュニケーションに関する研究を紹介してきた。しかし，概念や記憶とは結局のところ表象の問題であり，思考とはその操作であることを踏まえると，多感覚知覚に関する知見は，表象の性質に関する議論に示唆を与えうる。認知科学者のなかには，知覚の話にあまり関心をもたない研究者も多いという印象があるが，認知科学者が関心の中心としている表象そのものは，感覚入力をもとに形成されることが多い。さらに，感覚情報は不可避的に複数の感覚にまたがって入力されることを踏まえれば，多感覚知覚は認知システムの基盤を担う情報処理プロセスであるという見方も可能である。ここでは，認知システムの基盤としての多感覚知覚という視点から，学術的な展望について述べたい。

従来の認知科学では，表象系をアモーダル（感覚独立）なものとして取り扱う傾向が強く，結果として，記号接地問題などの多くの問題を抱えていた。Barsalou (1999) の知覚的記号システム (perceptual symbol system) は，従来記号主義が記憶・思考・言語の表現のために用いてきたアモーダルな記号系は，人間が実際に現実世界で経験する感覚運動経験のシミュレーションから生まれることを提案している。この理論は，主には概念や単語がどのような形式で表象されるかを示したものであるが，知覚的シンボルは概念や単語を超えて，広範な認知処理に適用されうるとしている。

Barsalou の理論に基づけば，アモーダルな記号系には限界があり，記憶・思考・言語でも感覚運動経験のシミュレーションが重要

であると考えられる。そのときシミュレーションにおいても、多感覚相互作用を仮定すべきであると考えられるが、Barsalou のいう「多感覚」は複数感覚という意味を脱しておらず、相互作用についてはあまり厳密に仮定されていないようにみえる。Barsalou (2009) は、エッジ、色、運動などの情報が統合されてひとつの視覚表象が形成されるように、視覚、聴覚、触覚などの情報が統合されてひとつのマルチモーダル表象が形成されると述べている。また、心的イメージとシミュレーションの類似性についても言及していて、シミュレーションは意識的でも無意識的でもありうるが、それが意識に上ったものがイメージであるとしている。

　多感覚知覚の視点からみると、知覚的記号システムにおける表象の性質については明らかでない点が多い。例えば、複数感覚情報の不一致はどう表象されるのだろうか。Barsalou (2009) はシミュレーションの例としてマガーク効果を紹介し、視覚（「ガ」と発する口の動き）による聴覚（「ガ」という音声）のシミュレーションが、実際の聴覚入力（バ）と融合して、両者の平均的な表象（ダ）が形成されると説明している。しかし、統合とは平均化と同一ではない。例えば、腹話術効果では視覚バイアスがあり、音源位置が視覚情報に強く影響を受け、両者の中間的な位置ではなく、典型的には視覚的物体がある位置から音が知覚される。このように、Barsalou はシミュレーションにおいて多感覚情報は「統合」されると述べているものの、実際には複数の感覚入力の「和」ないし「平均」としてのマルチモーダル表象という考え方にとどまっている。今後はマルチモーダルな表象は多感覚統合前の表象の集合なのか、それとも多感覚統合後の表象なのかといった問題を検討することが重要になるだろう。

　表象のもつ知覚的性質について検討するうえで参考になるのが、心的イメージ（mental imagery）の研究である。私たちは実際の

感覚入力がないにもかかわらず，それと同様の体験をすることがある。例えば，リンゴを思い浮かべてほしいと言われれば，目を閉じても赤くて丸いリンゴを思い浮かべることができる。視覚，聴覚，触覚など，さまざまな感覚におけるこうした体験を支えるのが心的イメージであり，古くから表象の知覚的性質が議論されてきた（イメージ論争）。

　では，多感覚相互作用において，イメージは知覚と同等に機能するのだろうか。例えば，目を閉じて「カ」という口の視覚イメージを浮かべつつ，「パ」という音を思い浮かべると，「タ」という音のイメージが生まれるのだろうか。左に人形，右に音源をイメージしたとき，腹話術効果が起こって，左に音源は知覚されるのだろうか。筆者の調べる限り，おそらく方法論的な難しさもあり，上記のように複数の感覚のイメージのみの相互作用を検討した研究はないようである（イメージの多感覚性に関する異なる視点からのレビューとして，Nanay (2018) を参照されたい）。

　関連する研究として，ある感覚入力に対して，別の感覚のイメージが実際の感覚入力と同等に多感覚相互作用を引き起こすかを調べた研究がある (Berger & Ehrsson, 2013)。ストリーム・バウンス錯覚の実験からは，音のイメージは実際の音より効果は弱いものの，ストリーム・バウンス錯覚（第2章参照）を生じさせることが報告された。ボールが，図2.5のように運動するとき，なにも音をイメージしないとボールは交差して感じられがちだが，頭の中でカチンと音をイメージすると反発して感じられるという回答が増える。イメージするタイミングも大事で，カチンという音をボールが接近する0.5秒前，または0.5秒後に思い浮かべても反発という回答は増えない。

　この研究では，ほかにも腹話術効果と逆マガーク効果に関する実験結果を報告している。腹話術効果の実験では，音が鳴るときに白

い円形の物体が視覚呈示されると，物体の位置に引きずられる形で音源が定位されるが，白い円形が実在しなくても心の中で視覚的にイメージするだけでも効果は弱まるものの，腹話術効果が生じることが示された。逆マガーク効果（音が発話の口の形の知覚を変容させる）の実験では，参加者は「ガ」と発話している話者のビデオを無音で観察して，同時に「バ」という聴覚イメージを作るという課題に取り組んだ。話者の口の動きは「ダ」，「ガ」のどちらだったかを回答した。実際には「ガ」と言っている口の動きだが，「ガ」と「ダ」の発話動作は外から見ると非常に似ており，混同されやすい。実験の結果，「ダ」の回答率は視覚のみ条件と比べて「バ」の聴覚イメージを作った条件で高くなり，イメージは逆マガーク効果を生じさせることが示された。

　こうした知見と方法論は，Barsalou の知覚的記号システムの多感覚性について検討する際にも有用である。イメージと同様に，シミュレーションでも多感覚相互作用は生じるのかを検討することで，知覚的記号システムの表象が多感覚統合前なのか後なのかという問題にアプローチできるだろう。

　Barsalou の理論を表象全般の理論ととらえれば，多感覚相互作用の結果としての表象が Barsalou の表象とどう関連するか（同じものを指しているのか，別のものなのかなど）という議論が可能である。これに限らず，多感覚知覚の話を表象形成の話と位置づければ，記憶，思考，言語へのつながりが拓けてくるかもしれない。知覚は心の入口であることを踏まえると，高次の精神機能（注意，記憶，思考，言語獲得，感情など）はすべて多感覚相互作用の影響を受けつつ実現されているととらえられる。例えば，情報の保持と処理の同時並行という側面をうまくとらえた記憶の理論である Baddeley のワーキングメモリモデル (Baddeley, 1986) では，モダリティごとのサブシステムを想定しているが，ワーキングメモリに

おける多感覚表象の存在や，サブシステム間の相互作用について今後検討する必要があるだろう。

7.4.3　応用的展望

多感覚知覚，そして多感覚コミュニケーションの研究は，さまざまな側面から社会応用，工学応用が考えやすい研究テーマである。例えば多感覚知覚研究の知見は，VR，AR（拡張現実），MR（複合現実）の開発に対して有用な指針を与えうるし，多感覚コミュニケーション研究の知見は，コミュニケーションロボットやアバターの開発，オンライン会議システムのデザインに対して直接的な指針を与えるだろう。ここでは，多感覚コミュニケーション研究とコミュニケーションロボット研究の関係を取り上げ，双方向的発展の視点から考えてみたい。

コミュニケーションロボットの研究では，視覚と聴覚それぞれを使って人間に感情を伝える方法について検討されてきた。本書で紹介した研究では，視覚と聴覚があらわす感情が矛盾する条件をつくり出し，どちらの感情表出が優先されるのかというバイアスを中心に検討した。しかし，複数のチャンネルを通して情報が表出される際，それらの情報はどちらが優先されるのかという観点以外にも，いくつかの問題設定が考えられる。例えばマガーク効果のように，視覚による感情表現Aと聴覚による感情表現Bが融合して，第三の感情表現が創発されるかもしれない。この場合，「顔は悲しんでいて，声は怖がっている」表現から，罪悪感という第三の感情を知覚するようなことが起こりうる（Takagi et al., 2015）。あるいは，視覚による感情表現Aと聴覚による感情表現Bは，別のものとして双方ともに共存することもあるかもしれない。顔は笑顔でも，声は悲しんでいるとき，「顔は笑っているけど声に元気がない」と受け取られるようなケースである。こうした可能性については，これ

までにも第4章で紹介したように，動画を編集して映像と音声の表現する感情の組み合わせを変えるという手法で検討してきた。この手法のメリットは，すでに存在する素材を用いて，表情と音声がそれぞれ単体ではどのような感情として受け取られるかを把握したうえで，自由に組み合わせて実験できる点を挙げられる。一方で，どうしても映像と音声に一定程度のずれが生じてしまうといった方法論的な限界もあった。

　こうした限界を克服するための方法の一つが，アンドロイドを利用した検討であろう。アンドロイドでは実際の人間とは異なり，表情筋が発話に及ぼす制約を考慮する必要がなく，かつ表情や音声に細かな微調整を狙ったとおりに加えることができる。また，一方的な実験刺激の呈示ではなく，対話の中でこちらからの話しかけへの応答という形で，表情と音声を表出できるのも利点であろう。もちろんアンドロイドを用いずとも，アニメーションを用いれば，同様の検討は可能である。しかし，顔の表情のリアリティではアンドロイドにかなわないし，アニメでは特有の声の出し方，表情と声の組み合わせなどの「暗黙のルール」に慣れてしまっている可能性も考えられるだろう。もちろん人間に似せたアンドロイドを用いることによって，かえって微妙な差異が浮き立ち，「不気味の谷」が生まれる可能性にも留意する必要はあるだろう。しかし，人間とはかけ離れた風貌で，目の色の変化など人間には不可能な形で感情を表出する他のコミュニケーションロボットではなく，人間と見た目が似ているアンドロイドを用いて検討することで，人間にそのまま適用可能な知見を見いだせる可能性は大いにありうる。

　これまでのアンドロイド研究では，ロボットをより人間に近づけ，不自然さを感じさせないことに重点が置かれてきた。また，表情，ジェスチャー，音声などの要素技術を自然に調和させてアンドロイドに実装することが現在の課題であるという。一方で，人間自

身も表情と音声から矛盾する感情を表出しているケースがあること
が第4章の研究から明らかとなった。こうしたことを踏まえれば，
要素技術間の調和の次の課題として，むしろ表情と音声が矛盾する
ような感情表出について検討し，どのような組み合わせがどのよう
に受け取られるかを検討することが重要になるだろう。こうした検
討はアンドロイド研究の側から見れば，「愛憎相半ばする」「悲しみ
をけなげに笑顔で取り繕う」などといった，より人間らしい割り切
れない複雑な感情を表現可能なロボットの開発へと結びつく可能性
がある。

引用・参考文献

[第 1 章]

Barsalou, L. W. (1999). Perceptual symbol systems. *Behavioral and Brain Sciences*, **22**, 577-660.

Howard, I. P., & Templeton, W. B. (1966). *Human spatial orientation.* John Wiley & Sons.

McGurk, H., & MacDonald, J. (1976). Hearing lips and seeing voices. *Nature*, **264**(5588), 746-748. https://doi.org/10.1038/264746a0

Metzger, W. (1953). *Gesetze des Sehens*. Frankfurt: Waldemar Kramer.

Stratton, G.M. (1896). Some preliminary experiments on vision without inversion of the retinal image. *Psychological Review*, **3**, 611-617.

Thomas, G. J. (1941). Experimental study of the influence of vision on sound localization. *Journal of Experimental Psychology*, **28**, 167-177.

Young, P. (1928). Auditory localization with acoustical transposition of the ears. *Journal of Experimental Psychology*, **11**, 399-429.

[第 2 章]

Armel, K. C., & Ramachandran, V. S. (2003). Projecting sensations to external objects: Evidence from skin conductance response. *Proceedings of the Royal Society B: Biological Sciences*, **270**, 1499-150.

Asakawa, K., Tanaka, A., & Imai, H. (2012). Audiovisual temporal recalibration for speech in synchrony perception and speech identification. *Kansei Engineering International*, **11**(1), 35-40. https://doi.org/10.5057/kei.11.35

Bertelson, P., & de Gelder, B. (2004). The psychology of multimodal perception. In C. Spence & J. Driver (Eds.), *Crossmodal space and crossmodal attention* (pp. 151-177). Oxford: Oxford University Press.

Botvinick, M., & Cohen, J. (1998). Rubber hands 'feel' touch that eyes see. *Nature*, **391**, 756.

Dixon, N. F., & Spitz, L. (1980). The detection of auditory visual desynchrony. *Perception*, **9**(6), 719-721. https://doi.org/10.1068/p090719

Driver, J. (1996). Enhancement of selective listening by illusory mislocation of speech sounds due to lip-reading. *Nature*, **381**, 66-68. https://doi.org/10.1038/381066a0

Ernst, M. O., & Banks, M. S. (2002). Humans integrate visual and haptic information in a statistically optimal fashion. *Nature*, **415**(6870), 429-433.

Fujisaki, W., Shimojo, S., Kashino, M., & Nishida, S. (2004). Recalibration of audiovisual simultaneity. *Nature Neuroscience*, **7**, 773-778.

Grant, K.W., & Greenberg, S. (2001). Speech intelligibility derived from asynchronous processing of auditory-visual information. *Proceedings of the Audio-Visual Speech Processsing 2001*, 132-137.

Guterstam, A., Abdulkarim, Z., & Ehrsson, H. H. (2015). Illusory ownership of an invisible body reduces autonomic and subjective social anxiety responses. *Scientific Reports*, **5**, 9831. https://doi.org/10.1038/srep09831

Haggard, P., Clark, S., & Kalogeras, J. (2002). Voluntary action and conscious awareness. *Nature Neuroscience*, **5**(4), 382-385.

Hanson, J. V. M., Heron, J., & Whitaker, D. (2008). Recalibration of perceived time across sensory modalities. *Experimental Brain Research*, **185**(2), 347-352.

Harrar, V., & Harris, L. R. (2008). The effect of exposure to asynchronous audio, visual, and tactile stimulus combinations on the perception of simultaneity. *Experimental Brain Research*, **186**(4), 517-524.

Heron, J., Hanson, J. V. M., & Whitaker, D. (2009). Effect before cause: supramodal recalibration of sensorimotor timing. *PLoS ONE*, **4**(11), e7681.

Hidaka, S., Teramoto, W., & Sugita, Y. (2015). Spatiotemporal processing in crossmodal interactions for perception of the external world: A review. *Frontiers in Integrative Neuroscience* **9**(26):62 DOI: 10.3389/fnint.2015.00062

Hirsh, I. J., & Sherrick, J. E. (1961). Perceived order in different sense modalities. *Journal of Experimental Psychology*, **62**, 423-432.

Keetels, M., & Vroomen, J. (2008). Temporal recalibration to tactile-visual asynchronous stimuli. *Neuroscience Letters*, **430**(2), 130-134.

Kitagawa, N., & Ichihara, S. (2002). Hearing visual motion in depth. *Nature*, **416**, 172-174.

Lind, A., Hall, L., Breidegard, B., Balkenius, C., & Johansson, P. (2014). Auditory feedback of one's own voice is used for high-level semantic monitoring: The "self-comprehension" hypothesis. *Frontiers in Human Neuroscience*, **8**, 166. https://doi.org/10.3389/fnhum.2014.00166

Maister, L., Sebanz, N., Knoblich, G., & Tsakiris, M., (2013). Experiencing ownership over a dark-skinned body reduces implicit racial bias. *Cognition*, **128**, 170-178.

Morein-Zamir, S., Soto-Faraco, S., & Kingstone, A. (2003). Auditory capture of vision: examining temporal ventriloquism. *Brain Research: Cognitive Brain Research*, **17**(1), 154-163.

Munhall, K.G., Gribble, P., Sacco, L., & Ward, M. (1996). Temporal constraints on the McGurk effect. *Perception & Psychophysics*, **58**(3), 351-362.

Navarra, J., Sato-Faraco, S., & Spence, C. (2007). Adaptation to audio-tactile asynchrony. *Neuroscience Letters*, **413**(1)., 72-76.

Recanzone, G. H. (1998). Rapidly induced auditory plasticity: The ventriloquism aftereffect. *Proceedings of the National Academy of Sciences of the United States of America*, **95**(3), 869-875. http://www.jstor.org/stable/44201

Sekuler, R., Sekuler, A. B., & Lau, R. (1997). Sound alters visual motion perception. *Nature*, **385**(6614), 308.

Shams, L., Kamitani, Y., & Shimojo, S. (2000). Illusions. What you see is what you hear. *Nature*, **408**(6814), 788. https://doi.org/10.1038/35048669

Slutsky, D. A., & Recanzone, G. H. (2001). Temporal and spatial dependency of the ventriloquism effect. *NeuroReport*, **12**(1), 7-10.

Stetson, C., Cui, X., Montague, P. R., & Eagleman, D. M. (2006). Motorsensory recalibration leads to an illusory reversal of action and sensation. *Neuron*, **51**(5), 651-659.

Sugano, Y., Keetels, M., & Vroomen, J. (2009). Adaptation to motor-visual and motor-auditory temporal lags transfer across modalities. *Experimental Brain Research*, Published online

菅野禎盛 (2010). 異種感覚モダリティ間の時間的再調整—先行研究の概観と今後の展望. 九州産業大学経営学会経営学論集, **20**(4), 63-86.

Sugita, Y., & Suzuki, Y. (2003). Audiovisual perception -implicit estimation of sound arrival time. *Nature*, **421**(6926), 911.

Takahashi, K., Saiki, J., & Watanabe, K. (2008). Realignment of temporal simultaneity between vision and touch. *NeuroReport*, **19**(3), 319-322.

Tanaka, A., Asakawa, K., & Imai, H. (2011). The change in perceptual synchrony between auditory and visual speech after exposure to asynchronous speech. *NeuroReport*, **22**(14), 684-688. https://doi.org/10.1097/WNR.0b013e32834a2724

Tanaka, A., Asakawa, K., & Imai, H. (2009). Temporal recalibration to audiovisual asynchrony in speech. *Proceedings of Mini RIEC Workshop on Multimodal Perception*, Sendai, Japan (6pages).

Tsakiris, M., & Haggard, P. (2003). Awareness of somatic events associated with a voluntary action.*Experimental Brain Research*, **149**(4), 439-446.

Van der Burg, E., Alais, D., & Cass, J. (2013). Rapid recalibration to audiovisual asynchrony. *Journal of Neuroscience: the Official Journal of the Society for Neuroscience*, **33**(37), 14633-14637. https://doi.org/10.1523/JNEUROSCI.1182-13.2013

van Wassenhove, V., Grant, K. W., & Poeppel, D. (2007). Temporal window of integration in bimodal speech. *Neuropsychologia*, **45**, 598-607.

Vatakis, A., & Spence, C. (2006). Audiovisual synchrony perception for music, speech, and object actions. *Brain Research*, **1111**(1), 134-142. https://doi.org/10.1016/j.brainres.2006.05.078

Vatakis, A., & Spence, C. (2007). Crossmodal binding: evaluating the "unity assumption" using audiovisual speech stimuli. *Perception & Psychophysics*, **69**(5), 744-756. https://doi.org/10.3758/bf03193776

Vox, V. (1993).*I can see your lips moving, the history and art of ventriloquism* (2nd ed.). USA: Plato/Players Press.

Vroomen, J., & de Gelder, B. (2004). Temporal ventriloquism: Sound modulates the Flash-Lag Effect. *Journal of Experimental Psychology: Human Perception and Performance*, **30**(3), 513-518.

Yoshie, M., & Haggard, P. (2013). Negative emotional outcomes attenuate sense of agency over voluntary actions. *Current Biology*, **23**(20), 2028-2032. https://doi.org/10.1016/j.cub.2013.08.034

Zampini, M., Guest, S., Shore, D. I., & Spence, C. (2005). Audio-visual simultaneity judgments. *Perception & Psychophysics*, **67**, 531-544. https://doi.org/10.3758/BF03193329

[第 3 章]

Alsius, A., Navarra, J., Campbell, R., & Soto-Faraco, S. (2005). Audiovisual integration of speech falters under high attention demands. *Current Biology*, **15**(9), 839-843.

Asakawa, K., Tanaka, A., Sakamoto, S., Iwaya, Y., & Suzuki., Y. (2011). Audiovisual synchrony perception of simplified speech sounds heard as speech and non-speech. *Acoustical Science and Technology*, **32**(3), 125-128. https://doi.org/10.1250/ast.32.125

Auer, T. E. Jr. (2009). Spoken word recognition by eye. *Scandinavian Journal of Psychology*, **50**, 419-425.

Collignon, O., Girard, S., Gosselin, F., Roy, S., Saint-Amour, D., Lassonde, M., & Lepore, F. (2008). Audio-visual integration of emotion expression. *Brain Research*, **1242**, 126-135.

de Gelder, B. (2006). Towards the neurobiology of emotional body language. *Nature Reviews Neuroscience*, **7**(3), 242-249. https://doi.org/10. 1038/nrn1872

de Gelder, B. (2009). Why bodies? Twelve reasons for including bodily expressions in affective neuroscience. *Philosophical Transactions of the Royal Society B: Biological Sciences*, **364**, 3475-3484.

de Gelder, B., & Vroomen, J. (2000). The perception of emotion by ear and by eye. *Cognition and Emotion*, **14**(3), 289-311. https://doi.org/10.1080 /026999300378824

de Gelder, B., Pourtois, G., & Weiskrantz, L. (2002). Fear recognition in the voice is modulated by unconsciously recognized facial expressions but not by unconsciously recognized affective pictures. *Proceedings of the National Academy of Sciences USA*, **99**, 4121-4126. https://doi.org/10. 1073/pnas.062018499

de Gelder, B., Vroomen, J., de Jong, S. J., Masthoff, E. D., Trompenaars, F. J., & Hodiamont, P. (2005). Multisensory integration of emotional faces and voices in schizophrenics. *Schizophrenia Research*, **72**, 195-203.

de Jong, J. J., Hodiamont, P. P. G., Van den Stock, J., & de Gelder, B. (2009). Audio visual emotion recognition in schizophrenia: Reduced integration of facial and vocal affect. *Schizophrenia Research*, **107**, 286-293.

Ekman, P. (1973). Cross-cultural studies of facial expression. In P. Ekman (Ed.), *Darwin and facial expression: A century of research in review*. New York: Academic Press.

Erber, N. P. (1975). Auditory-visual perception of speech. *Journal of Speech and Hearing Disorders*, **40**, 481-492.

Grant, K. W., Walden, B. E., & Seitz, P. F. (1998). Auditory-visual speech recognition by hearing-impaired subjects: Consonant recognition, sentence recognition, and auditory-visual integration. *Journal of the Acoustical Society of America*, **103**(5, Pt 1), 2677-2690.

Green, K.P., Kuhl, P.K., Meltzoff, A. & Stevens, E.B. (1991) Integrating speech information across talkers, gender, and sensory modalitiy: Female faces and male voices in the McGurk effect. *Perception & Psychophysics* **50**(6), 524-536.

藤村友美・鈴木直人 (2010). 周辺視野と中心視野における動画表情の認識. 心理学研究, **81** (4), 348-355.

Hertenstein, M. J., Keltner, D., App, B., Bulleit, B. A., & Jaskolka, A. R. (2006). Touch communicates distinct emotions. *Emotion*, **6**(3), 528-533.

Kamachi, M., Bruce, V., Mukaida, S., Gyoba, J., Yoshikawa, S., & Akamatsu, S. (2001). Dynamic properties influence the perception of facial expressions. *Perception*, **30**, 875-887.

Koizumi, A., Tanaka, A., Imai, H., Hiramatsu, S., Hiramoto, E., Sato, T., & de Gelder, B. (2011). The effects of anxiety on the interpretation of emotion in the face-voice pairs. *Experimental Brain Research*, **213**(2-3), 275-282. https://doi.org/10.1007/s00221-011-2668-1

向後礼子・望月葉子・越川房子 (2003). 知的障害者における表情並びに音声からの他者感 情の識別について. 特殊教育学研究, **40**, 443-450.

Massaro, D. W., & Egan, P. B. (1996). Perceiving affect from the voice and the face. *Psychonomic Bulletin & Review*, **3**, 215-221.

McGurk, H., & MacDonald, J. (1976). Hearing lips and seeing voices. *Nature*, **264**, 746-748.

Möttönen, R., Calvert, G. A., Jääskeläinen, I. P., Matthews, P. M., Thesen, T., Tuomainen, J., & Sams, M. (2006). Perceiving identical sounds as speech or non-speech modulates activity in the left posterior superior temporal sulcus. *NeuroImage*, **30**(2), 563-569. https://doi.org/10.1016/j.neuroimage.2005.10.002

Munhall, K.G., Gribble, P., Sacco, L. & Ward, M. (1996). Temporal constraints on the McGurk effect. *Perception & Psychophysics*, **58**(3), 351-362.

Munhall, K. G., ten Hove, M. W., Brammer, M., & Paré, M. (2009). Audiovisual integration of speech in a bistable illusion. *Current Biology*, **19**(9), 735-739.

中野 良樹・伊藤 由美 (2008). 感動詞「エー」を表 出した表情と音声に対するマルチモーダルな感情認知. 感情心理学研究, **16**(3),195-208.

Nishimoto, T., Miyawaki, K., Ueda, T., Une, Y., & Takahashi, M. (2005). Japanese normative set of 359 pictures. *Behavior Research Methods*, **37**(3), 398-416. https://doi.org/10.3758/bf03192709

Remez, R. E., Rubin, P. E., Pisoni, D. B., & Carrell, T. D. (1981). Speech perception without traditional speech cues. *Science* (New York, N.Y.), **212**(4497), 947-949. https://doi.org/10.1126/science.7233191

Sato, W., & Yoshikawa, S. (2004). The dynamic aspects of emotional facial expressions. *Cognition and Emotion*, *18*, 701-710.

Scherer, K. R. (2003). Vocal communication of emotion: A review of research paradigms. *Speech Communication*, **40**, 227-256.

積山薫 (2011). 視覚と聴覚による音声知覚——言語/文化による差とその発達——. *Cognitive Studies*, **18**(3), 387-401.

Stroop, J.R. (1935). Studies of interference in serial verbal reactions. *Journal of Experimental Psychology*, **28**, 643-662.

Sumby, W.H., & Pollack, I. (1954). Visual contribution to speech intelligibility in noise. *Journal of the Acoustical Society of America*, **26**(2), 212-215.

髙木幸子・田部井賢一・Huis In 't Veld Lisanne・de Gelder Beatrice・田中章浩 (2013). 表情と音声の示す感情が一致していない刺激からの感情知覚——異文化バーチャル・リアリティ・コミュニケーションへの応用——. 基礎心理学研究, **32**(1), 29.

Takagi, S., Hiramatsu, S., Tabei, K., & Tanaka, A. (2015). Multisensory perception of the six basic emotions is modulated by attentional instruction and unattended modality. *Frontiers in Integrative Neuroscience*, **9**(1). https://doi.org/10.3389/fnint.2015.00001

Tanaka, A., Sakamoto, S., Tsumura, T., & Suzuki, Y. (2009). Visual speech improves the intelligibility of time-expanded auditory speech. *Neuro Report*, **20**(5), 473-477.

Tanaka, A., Takagi, S., Hiramatsu, S., Huis In 't Veld, E., & de Gelder, B. (2015). Towards the development of facial and vocal expression database in East Asian and Western cultures. *Proceedings of the International Conference on Facial Analysis, Animation, and Auditory-Visual Speech Processing 2015*. 63-66.

Thurlow, W. R., & Jack, C. E. (1973). Certain determinants of the "ventriloquism" effect. *Perceptual and Motor Skills*, **36**, 1171-1184.

Tiippana, K., Andersen, T.S., & Sams, M. (2004). Visual attention modulates audiovisual speech perception. *European Journal of Cognitive Psychology*, **16**(3), 457-472.

Tuomainen, J., Andersen, T., Tiippana, K., & Sams, M. (2005). Audiovisual speech perception is special. *Cognition*, **96**(1), B13-B22.

van Wassenhove, V., Grant, K.W. & Poeppel, D. (2007). Temporal window of integration in bimodal speech. *Neuropsychologia*, **45**, 598-607

Vroomen, J., Driver, J., & de Gelder, B. (2001). Is cross-modal integration of emotional expressions independent of attentional resources? *Cognitive, Affective and Behavioral Neuroscience*, **1**(4), 382-387. https://doi.org/10.3758/cabn.1.4.382

渡辺 桃子・望月 登志子 (2004). 表情認知における視聴覚情報の相互規定性. 感情心理学研究, **11**(2), 53-64.

Zatorre, R. J. (2001). Do you see what I'm saying? Interactions between auditory and visual cortices in cochlear implant users. *Neuron*, **31**, 13-14.

[第 4 章]

Au, T. K. F. (1983). Chinese and English counterfactuals: the Sapir-Whorf hypothesis revisited. *Cognition*, **15**(1), 155-187.

Blakemore, C., & Cooper, G. F. (1970). Development of the brain depends on the visual environment. *Nature*, **228**(5270), 477-478. https://doi.org/10.1038/228477a0

Bloom, A. H. (1981). *The linguistic shaping of thought: A study on the impact of language on thinking in China and the West* (1st ed.), Psychology Press. https://doi.org/10.4324/9781315802893

Chomsky, N. (1992). *A minimalist program for linguistic theory*. Cambridge, MA: Distributed by MIT Working Papers in Linguistics.

de Fockert, J., Davidoff, J., Fagot, J., Parron, C., Goldstein, J. (2007). More accurate size contrast judgments in the Ebbinghaus Illusion by a remote culture. *Journal of Experimental Psychology: Human Perception and Performance*, **33**, 738-742.

de Gelder, B., & Vroomen, J. (2000). The perception of emotions by ear and by eye. *Cognition & Emotion*, **14**, 289-311.

Ekman, P. (1972). Universals and cultural differences in facial expressions of emotions. In Cole, J. (Ed.), *Nebraska symposium on motivation* (pp. 207-282). Lincoln, NB: University of Nebraska Press.

Ekman, P., & Friesen, W. V. (1971). Constants across cultures in the face and emotion. *Journal of Personality and Social Psychology*, **17**, 124-129.

Ekman, P., & Friesen, W. V. (1975). *Unmasking the face*. New Jersey: Prentice-Hall.

Elfenbein, H. A., & Ambady, N. (2002). On the universality and cultural specificity of emotion recognition: A meta-analysis. *Psychological Bulletin*, **128**, 203-235.

Ishii, K., Reyes, J. A., & Kitayama, S. (2003). Spontaneous attention to word content versus emotional tone: Differences among three cultures. *Psychological Science*, **14**, 39-46.

Iversen, J., Patel, A., & Ohgushi, K. (2008). Perception of rhythmic grouping depends on auditory experience. *The Journal of the Acoustical Society of America*, **124**(4), 2263-2271. https://doi.org/10.1121/1.2973189

Jack, R. E., Blais, C., Scheepers, C., Schyns, P. G., & Caldara, R. (2009). Cultural confusions show that facial expressions are not universal. *Current Biology*, **19**, 1-6.

Markus, H. R., & Kitayama, S. (1991). Culture and the self: Implications for cognition, emotion, and motivation. *Psychological Review*, **98**, 224-253.

Masuda, T., Ellsworth, P., Mesquita, B., Leu, J., Tanida, S., & van de

Veerdonk, E. (2008). Placing the face in context: Cultural differences in the perception of facial emotion. *Journal of Personality and Social Psychology*, **94**, 365-381.

Matsumoto, D., Takeuchi, S., Andayani, S., Kouznetsova, N., & Krupp, D. (1998). The contribution of individualism-collectivism to cross-national differences in display rules. *Asian Journal of Social Psychology*, **1**, 147-165.

McDermott, J., Schultz, A., Undurraga, E. et al. (2016). Indifference to dissonance in native Amazonians reveals cultural variation in music perception. *Nature*, **535**, 547-550. https://doi.org/10.1038/nature18635

Nisbett, R. E., Peng, K., Choi, I., & Norenzayan, A. (2001). Culture and systems of thought: Holistic versus analytic cognition. *Psychological Review*, **108**(2), 291-310. https://doi.org/10.1037/0033-295X.108.2.291

Norenzayan, A., Choi, I., & Nisbett, R.E. (2002). Cultural similarities and differences in social inference: Evidence from behavioral predictions and lay theories of behavior. *Personality and Social Psychology Bulletin*, **28**, 109-120.

Pinker, S. (1994). *The language instinct: How the mind creates. Language.* New York: Harper Collins.

Segall, M. H., Campebell, D. T., & Herskovits, M. J. (1963). Cultural differences in the perception of geometric illusions. *Science*, **139**(Whole No. 3556), 769-771. https://doi.org/10.1126/science.139.3556.769

Sekiyama, K., & Tohkura, Y. (1991). McGurk effect in non-English listeners: Few visual effects for Japanese subjects hearing Japanese syllables of high auditory intelligibility. *Journal of the Acoustical Society of America*, **90**, 1797-1805.

Sekiyama, K., & Tohkura, Y. (1993). Interlanguage differences in the influence of visual cues in speech perception. *Journal of Phonetics*, **21**, 427-444.

重野純 (2004). 感情を表現した音声の認知と音響的性質. 心理学研究, *74*, 540-546.

髙木幸子・田部井賢一・田中章浩 (2012). 顔と声のあらわす感情が不一致な刺激に対する感情判断および印象評定 日本音響学会聴覚研究会資料, **42**(1), 87-92.

Takagi, S., Miyazawa, S., Huis In 't Veld, E., de Gelder, B., & Tanaka, A. (2015). Comparison of multisensory display rules in expressing complex emotions between cultures. *Proceedings of the International Conference on Auditory-Visual Speech Processing, 2015.* 57-62.

Takano Y. (1989). Methodological problems in cross-cultural studies of linguistic relativity. *Cognition*, **31**(2), 141-162. https://doi.org/10.1016/0010-0277(89)90021-8

Tanaka, A., Koizumi, A., Imai, H., Hiramatsu, S., Hiramoto, E., & de Gelder, B. (2010a). I feel your voice: Cultural differences in the multisensory perception of emotion. *Psychological Science*, **21**, 1259-1262.

Tanaka, A., Koizumi, A., Imai, H., Hiramatsu, S., Hiramoto, E., & de Gelder, B. (2010b). Cross-cultural differences in the multisensory perception of emotion. *Proceedings of the International Conference on Auditory-Visual Speech Processing 2010*, 49-53.

Thierry, G., Athanasopoulos, P., Wiggett, A., Dering, B., & Kuipers, J. R. (2009). Unconscious effects of language-specific terminology on preattentive color perception. *Proceedings of the National Academy of Sciences of the United States of America*, **106**(11), 4567-4570. https://doi.org/10.1073/pnas.0811155106

Whorf, B. L. (1956). *Language, thought, and reality: selected writings of Benjamin Lee Whorf* (John B. Carroll, Ed.). Technology Press of MIT.

Winawer, J., Witthoft, N., Frank, M. C., Wu, L., Wade, A. R., & Boroditsky, L. (2007). Russian blues reveal effects of language on color discrimination. *Proceedings of the National Academy of Sciences of the United States of America*, **104**(19), 7780-7785. https://doi.org/10.1073/pnas.0701644104

Yang, J., Kanazawa, S., Yamaguchi, M. K., & Kuriki, I. (2016). Cortical response to categorical color perception in infants investigated by near-infrared spectroscopy. *Proceedings of the National Academy of Sciences of the United States of America*, **113**(9), 2370-2375. https://doi.org/10.1073/pnas.1512044113

Yuki, M., Maddux, W. W., & Masuda, T. (2007). Are the windows to the soul the same in the East and West? Cultural differences in using the eyes and mouth as cues to recognize emotions in Japan and the United States. *Journal of Experimental Social Psychology*, **43**, 303-311.

[第 5 章]

Albuquerque, N., Guo, K., Wilkinson, A., Savalli, C., Otta, E., & Mills, D. (2016). Dogs recognize dog and human emotions. *Biology Letters*, **12**(1), 20150883.

Atkinson, A. P., Dittrich, W. H., Gemmell, A. J., & Young, A. W. (2004). Emotion perception from dynamic and static body expressions in point-light and full-light displays, *Perception*, **33**(6), 717-746.

Beauchamp, M. S., Argall, B. D., Bodurka, J., Duyn, J. H., & Martin, A. (2004). Unraveling multisensory integration: patchy organization within human STS multisensory cortex. *Nature Neuroscience*, **7**(11), 1190-1192.

Beauchamp, M. S., Nath, A. R., & Pasalar, S. (2010). fMRI-Guided transcranial magnetic stimulation reveals that the superior temporal sulcus is a cortical locus of the McGurk effect. *Journal of Neuroscience*, **30**(7), 2414-2417.

Belin, P., Fecteau, S., & Bedard, C. (2004). Thinking the voice: Neural correlates of voice perception. *Trends in Cognitive Sciences*, **8**, 129-135. https://doi.org/10.1016/j.tics.2004.01.008

Benevento, L. A., Fallon, J., Davis, B. J., & Rezak, M. (1977). Auditoryvisual interaction in single cells in the cortex of the superior temporal sulcus and the orbital frontal cortex of the macaque monkey. *Experimental Neurology*, **57**(3), 849-872.

Blair, R. J., Morris, J. S., Frith, C. D., Perrett, D. I., & Dolan, R. J. (1999). Dissociable neural responses to facial expressions of sadness and anger. *Brain*, **122**(Pt 5), 883-893. https://doi.org/10.1093/brain/122.5.883

Breiter, H. C., Etcoff, N. L., Whalen, P. J., Kennedy, W. A., Rauch, S. L., Buckner, R. L., Strauss, M. M., Hyman, S. E., & Rosen, B. R. (1996). Response and habituation of the human amygdala during visual processing of facial expression. *Neuron*, **17**(5), 875-887. https://doi.org/10.1016/s0896-6273(00)80219-6

Bruce, V., & Young, A. (1986). Understanding face recognition. *British Journal of Psychology*, **77**(3), 305-327. https://doi.org/10.1111/j.2044-8295.1986.tb02199.x

Calvert, G. A., Bullmore, E. T., Brammer, M. J., Campbell, R., Williams, S. C., McGuire, P. K., Woodruff, P. W., Iversen, S. D., & David, A. S. (1997). Activation of auditory cortex during silent lipreading. *Science*, **276**(5312), 593-596. https://doi.org/10.1126/science.276.5312.593

Calvert, G. A., Campbell, R., & Brammer, M. J. (2000). Evidence from functional magnetic resonance imaging of crossmodal binding in the human heteromodal cortex. *Current Biology*, **10**(11), 649-657.

Calvert, G. A., Hansen, P. C., Iversen, S. D., & Brammer, M. J. (2001). Detection of audio-visual integration sites in humans by application of electrophysiological criteria to the BOLD effect. *NeuroImage*, **14**(2), 427-438.

Campanella, S., & Belin, P. (2007). Integrating face and voice in person perception. *Trends in Cognitive Sciences*, **11**(12), 535-543.

Chiao, J.Y., Iidaka, T., Gordon, H. L., Nogawa, J., Bar, M., Aminoff, E., Sadato, N., & Ambady, N. (2008). Cultural specificity in amygdala response to fear faces. *Journal of Cognitive Neuroscience*, **20**(12), 2167-74.

Davis, S. J., & Valla, F. R. (1978). Evidence for domestication of the dog 12,000 years ago in the Natufian of Israel. *Nature*, **276**(5688), 608-610.

de Gelder, B., & Van den Stock, J. (2011). The bodily expressive action stimulus test (BEAST). Construction and validation of a stimulus basis for measuring perception of whole body expression of emotions. *Frontiers in Psychology*, **2**, 181. https://doi.org/10.3389/fpsyg.2011.00181

de Gelder, B., Böcker, K. B., Tuomainen, J., Hensen, M., & Vroomen, J. (1999). The combined perception of emotion from voice and face: early interaction revealed by human electric brain responses. *Neuroscience Letters,* **260**(2), 133-136.

Dolan, R. J., Morris, J. S., & de Gelder, B. (2001). Crossmodal binding of fear in voice and face.*Proceedings of the National Academy of Sciences*, **98**(17), 10006-10010.

Egner, T., & Hirsch, J. (2005). The neural correlates and functional integration of cognitive control in a Stroop task. *NeuroImage*, **24**(2), 539-547.

Eisenberg, N., & Mussen, P. H. (1989). *The roots of prosocial behavior in children*. New York: Cambridge University Press.

Ekman, P. (2003). Darwin, deception, and facial expression. *Annals of the New York Academy of Sciences*, **1000**(1), 205-221.

Ekman, P., & Friesen, W. V. (1976). Measuring facial movement. *Environmental Psychology and Nonverbal Behavior*, **1**(1), 56-75.

Erickson, L. C., Zielinski, B. A., Zielinski, J. E., Liu, G., Turkeltaub, P. E., Leaver, A. M., & Rauschecker, J. P. (2014). Distinct cortical locations for integration of audiovisual speech and the McGurk effect, *Frontiers in Psychology*, **5**, 534. https://doi.org/10.3389/fpsyg.2014.00534

Ethofer, T., Anders, S., Erb, M., Droll, C., Royen, L., Saur, R., Reiterer, S., Grodd, W., & Wildgruber, D. (2006). Impact of voice on emotional judgment of faces: an event-related fMRI study. *Human Brain Mapping*, **27**(9), 707-714. https://doi.org/10.1002/hbm.20212

Ethofer, T., Van De Ville, D., Scherer, K., & Vuilleumier, P. (2009). Decoding of emotional information in voice-sensitive cortices. *Current Biology*, **19**(12), 1028-1033. https://doi.org/10.1016/j.cub.2009.04.054

Falchier, A., Clavagnier, S., Barone, P., & Kennedy, H. (2002). Anatomical evidence of multimodal integration in primate striate cortex. *Journal of Neuroscience*, **22**, 5749-5759.

Flom, R., Whipple, H., & Hyde, D. (2009). Infants' intermodal perception of canine (Canis familairis) facial expressions and vocalizations. *Developmental Psychology*, **45**(4), 1143.

Ghazanfar, A. A., & Logothetis, N. K. (2003). Facial expressions linked to monkey calls. *Nature*, **423**(6943), 937-938.

Gouzoules, S., Gouzoules, H., & Marler, P. (1984). Rhesus monkey (Macaca mulatta) screams: representational signalling in the recruitment of agonistic aid. *Animal Behaviour*, **32**(1), 182-193.

Grossmann, T., Striano, T., & Friederici, A. D. (2005). Infants' electric brain responses to emotional prosody, *NeuroReport*, **16**(16), 1825-1828.

Grossmann, T., Striano, T., & Friederici, A. D. (2006). Crossmodal integration of emotional information from face and voice in the infant brain, *Developmental Science*, **9**(3), 309-315.

Harada, T., Mano, Y., Komeda, H., Hechtman, L. A., Pornpattananangkul, N., Parrish, T. B., Sadato, N., Iidaka, T., & Chiao, J. Y. (2020). Cultural influences on neural systems of intergroup emotion perception: An fMRI study. *Neuropsychologia*, **137**, 107254. https://doi.org/10.1016/j.neuropsychologia.2019.107254

Hertenstein, M. J., Keltner, D., App, B., Bulleit, B. A., & Jaskolka, A. R. (2006). Touch communicates distinct emotions. *Emotion*, **6**(3), 528.

Hikosaka, K., Iwai, E., Saito, H., & Tanaka, K. (1988). Polysensory properties of neurons in the anterior bank of the caudal superior temporal sulcus of the macaque monkey. *Journal of Neurophysiology*, **60**(5), 1615-1637.

Izumi, A., & Kojima, S. (2004). Matching vocalizations to vocalizing faces in a chimpanzee (Pan troglodytes). *Animal Cognition*, **7**(3), 179-184.

Kahana-Kalman, R., & Walker-Andrews, A. S. (2001). The role of person familiarity in young infants' perception of emotional expressions, *Child Development*, **72**(2), 352-369.

河原美彩子・澤田佳子・田中章浩 (2021). ヒューマノイドロボットに対する人間の多感覚的な感情認知. 日本感性工学会論文誌, **20**(3), 329-335. https://doi.org/10.5057/jjske.TJSKE-D-21-00015

河原美彩子・山本寿子・田中章浩 (2018). 多感覚情動認知における親子の認知パターンの関連. 発達心理学会第 29 回大会

Kawahara, M., Sauter, D. A., & Tanaka, A. (2021). Culture shapes emotion perception from faces and voices: changes over development. *Cognition and Emotion*, **35**(6), 1175-1186. http://doi.org/10.1080/02699931.2021.1922361

Kawahara, M., Yamamoto, H. W., & Tanaka, A. (2019). Language or appearance? The trigger of the in-group effect in multisensory emotion perception. *Acoustical Science and Technology*, **40**(5), 360-363. https://doi.org/10.1250/ast.40.360

川瀬茉里奈・足立幾磨・田中章浩 (2017). ヒトにおけるチンパンジーの感情に対する

多感覚認知. KOUDOU2017 (日本動物行動関連学会・研究会 合同大会)

Kawase, M., Adachi, I., & Tanaka, A. (2017). Multisensory perception of emotion for human and chimpanzee expressions by humans. *Proceedings of the International Conference on Auditory-Visual Speech Processing 2017.* 115-118. https://doi.org/10.21437/AVSP.2017-22

Kawase, M., Tanaka, A., & Takimoto, A. (2018). Does raising experience facilitate multisensory emotion perception of dogs in humans? 第 78 回日本動物心理学会大会.

Kreifelts, B., Ethofer, T., Grodd, W., Erb, M., & Wildgruber, D. (2007). Audiovisual integration of emotional signals in voice and face: an event-related fMRI study. *NeuroImage*, **37**(4), 1445-1456.

Kuraoka, K., & Nakamura, K. (2007). Responses of single neurons in monkey amygdala to facial and vocal emotions. *Journal of Neurophysiology*, **97**(2), 1379-1387.

McColl, D., & Nejat, G. (2014). Recognizing emotional body language displayed by a human-like social robot. *International Journal of Social Robotics*, **6**(2), 261-280.

Meredith, M. A., & Stein, B. E. (1983). Interactions among converging sensory inputs in the superior colliculus. *Science*, **221**(4608), 389-391.

Meredith, M. A., & Stein, B. E. (1986). Spatial factors determine the activity of multisensory neurons in cat superior colliculus. *Brain Research*, **365**(2), 350-354.

Meredith, M. A., Nemitz, J. W., & Stein, B. E. (1987). Determinants of multisensory integration in superior colliculus neurons. I. Temporal factors. *Journal of Neuroscience*, **7**(10), 3215-3229.

Miklósi, Á., Topál, J., & Csányi, V. (2007). Big thoughts in small brains? Dogs as a model for understanding human social cognition. *NeuroReport*, **18**(5), 467-471.

Miskovic, V. & Anderson, A. K. (2018). Modality general and modality specific coding of hedonic valence. *Current Opinion in Behavioral Sciences*, **19**, 91-97.

森政弘 (1970). 不気味の谷. *Energy*, **7**(4), 33-35.

Montague, D. P. F., & Walker-Andrews, A. S. (2002). Mothers, fathers, and infants: The role of person familiarity and parental involvement in infants' perception of emotion expressions, *Child Development*, **73**(5), 1339-1352.

Moris Fernandez, L., Macaluso, E., & Soto-Faraco, S. (2017). Audiovisual integration as conflict resolution: The conflict of the McGurk illusion. *Human Brain Mapping*, **38**(11), 5691-5705. https://doi.org/10.1002/

hbm.23758

Müller, C. A., Schmitt, K., Barber, A. L., & Huber, L. (2015). Dogs can discriminate emotional expressions of human faces. *Current Biology*, **25**(5), 601-605.

Müller, V. I., Habel, U., Derntl, B., Schneider, F., Zilles, K., Turetsky, B. I., & Eickhoff, S. B. (2011). Incongruence effects in crossmodal emotional integration. *NeuroImage*, **54**(3), 2257-2266.

Nakashima, S. F., Ukezono, M., Nishida, H., Sudo, R., & Takano, Y. (2015). Receiving of emotional signal of pain from conspecifics in laboratory rats. *Royal Society Open Science*, **2**(4), 140381.

Narumoto, J., Okada, T., Sadato, N., Fukui, K., & Yonekura, Y. (2001). Attention to emotion modulates fMRI activity in human right superior temporal sulcus. *Cognitive Brain Research*, **12**(2), 225-231.

Nath, A. R., & Beauchamp, M. S. (2012). A neural basis for interindividual differences in the McGurk effect, a multisensory speech illusion. *NeuroImage*, **59**, 781-787. doi: 10.1016/j.neuroimage.2011.07.024

Nishitani, S., Doi, H., Koyama, A., & Shinohara, K. (2011). Differential prefrontal response to infant facial emotions in mothers compared with non-mothers. *Neuroscience Research*, **70**(2), 183-188. https://doi.org/10.1016/j.neures.2011.02.007

Okada, K., Venezia, J. H., Matchin, W., Saberi, K., & Hickok, G. (2013). An fMRI Study of Audiovisual Speech Perception Reveals Multisensory Interactions in Auditory Cortex. *PLoS ONE*, **8**(6): e68959. https://doi.org/10.1371/journal.pone.0068959

Ovodov, N. D., Crockford, S. J., Kuzmin, Y. V., Higham, T. F., Hodgins, G. W., & van der Plicht, J. (2011). A 33,000-year-old incipient dog from the Altai Mountains of Siberia: evidence of the earliest domestication disrupted by the Last Glacial Maximum. *PLoS ONE*, **6**(7), e22821.

大屋里佳・田中章浩 (2020). 感情知覚における聴触覚の多感覚相互作用 電子情報通信学会技術研究報告, **120**(169), 1-6. https://www.ieice.org/ken/paper/20200914T1z3/

Oya, R., & Tanaka, A. (2022a). Cross-cultural similarity and cultural specificity in the emotion perception from touch. *Emotion*, 10.1037/emo0001086. Advance online publication. https://doi.org/10.1037/emo0001086

Oya, R., & Tanaka, A. (2022b). The interaction of emotional information from the voice and touch. *Acoustical Science and Technology*.

Oya, R., & Tanaka, A. (2021). Touch and voice in communicating positive and negative emotions. *PsyArXiv*. https://doi.org/10.31234/osf.io/

mkx59

Parr, L. A., & Waller, B. M. (2006). Understanding chimpanzee facial expression: insights into the evolution of communication. *Social Cognitive and Affective Neuroscience,* **1**(3), 221-228.

Parr, L. A., Hopkins, W. D., & de Waal, F. B. (1998). The perception of facial expressions by chimpanzees, Pan troglodytes. *Evolution of Communication,* **2**(1), 1-23.

Peelen, M. V., Atkinson, A. P., & Vuilleumier, P. (2010). Supramodal representations of perceived emotions in the human brain. *Journal of Neuroscience,* **30**(30), 10127-10134.

Pourtois, G., de Gelder, B., Bol, A., & Crommelinck, M. (2005). Perception of facial expressions and voices and of their combination in the human brain. *Cortex,* **41**(1), 49-59.

Pourtois, G., de Gelder, B., Vroomen, J., Rossion, B., & Crommelinck, M. (2000). The time-course of intermodal binding between seeing and hearing affective information. *NeuroReport,* **11**(6), 1329-1333.

Pourtois, G., Debatisse, D., Despland, P. A., & de Gelder, B. (2002). Facial expressions modulate the time course of long latency auditory brain potentials. *Cognitive Brain Research,* **14**(1), 99-105.

Russell, J. A. (1980). A circumplex model of affect. *Journal of Personality and Social Psychology,* **39**(6), 1161.

Sauter, D. A., & Scott, S. K. (2007). More than one kind of happiness: Can we recognize vocal expressions of different positive states? *Motivation and Emotion,* **31**(3), 192-199.

澤田佳子・田中章浩 (2019). ヒトとロボットの感情表現がヒトの利他行動に及ぼす影響. HCG シンポジウム 2019

Schirmer, A., & Adolphs, R. (2017). Emotion perception from face, voice, and touch: comparisons and convergence. *Trends in Cognitive Sciences,* **21**(3), 216-228.

Scott, S. K., Young, A. W., Calder, A. J., Hellawell, D. J., Aggleton, J. P., & Johnson, M. (1997). Impaired auditory recognition of fear and anger following bilateral amygdala lesions. *Nature,* **385**(6613), 254-257. https://doi.org/10.1038/385254a0

Sekiyama, K., & Tohkura, Y. (1991). McGurk effect in non-English listeners: Few visual effects for Japanese subjects hearing Japanese syllables of high auditory intelligibility. *Journal of the Acoustical Society of America,* **90**, 1797-1805.

Sekiyama, K., Kanno, I., Miura, S., & Sugita, Y. (2003). Auditory-visual speech perception examined by fMRI and PET. *Neuroscience Research,*

47(3), 277-287.

Shinkareva, S. V., Wang, J., Kim, J., Facciani, M. J., Baucom, L. B., & Wedell, D. H. (2014). Representations of modality-specific affective processing for visual and auditory stimuli derived from functional magnetic resonance imaging data. *Human Brain Mapping*, **35**, 3558-3568.

Stevenson, R. A., Van Der Klok, R. M., Pisoni, D. B., & James, T. W. (2011). Discrete neural substrates underlie complementary audiovisual speech integration processes. *NeuroImage*. **55**, 1339-1345.

髙木幸子・平松沙織・田部井賢一・田中章浩 (2014). 表情と音声に同時に感情を込めた動画刺激に対する感情知覚. 認知科学, **21**(3), 344-362. https://doi.org/10.11225/jcss.21.344

Tanaka, A., Koizumi, A., Imai, H., Hiramatsu, S., Hiramoto, E., & de Gelder, B. (2010). I feel your voice: Cultural differences in the multisensory perception of emotion. *Psychological Science*, **21**, 1259-1262. https://doi.org/10.1177/0956797610380698

Tanaka, A., Takagi, S., Harada, T., Huis In 't Veld, E., de Gelder, B., Hamano, Y., Tabei, K., & Sadato, N. (2020). Culture influences audiovisual emotion perception in early sensory areas. *bioRxiv*. https://doi.org/10.1101/2020.10.10.332437

寺田和憲・勅使宏武・伊藤昭 (2014). ロボットが表出する感情の社会機能的評価. 研究報告ヒューマンコンピュータインタラクション (HCI), **2014**(8), 1-8.

Tsiourti, C., Weiss, A., Wac, K., & Vincze, M. (2019). Multimodal integration of emotional signals from voice, body, and context: Effects of (in)congruence on emotion recognition and attitudes towards robots. *International Journal of Social Robotics*, **11**(4), 555-573.

van Wassenhove, V., Grant, K. W., & Poeppel, D. (2007). Temporal window of integration in auditory-visual speech perception. *Neuropsychologia*, **45**(3), 598-607.

Walker-Andrews, A. S. (1986). Intermodal perception of expressive behaviors: Relation of eye and voice? *Developmental Psychology*, **22**(3), 373-377.

Watkins, S., Shams, L., Josephs, O., & Rees, G. (2007). Activity in human V1 follows multisensory perception. *NeuroImage*, **37**, 572-578.

Watkins, S., Shams, L., Tanaka, S., Haynes, J. D., & Rees, G. (2006). Sound alters activity in human V1 in association with illusory visual perception. *NeuroImage*, **31**(3), 1247-1256.

Wright, T. M., Pelphrey, K.A., Allison, T., McKeown, M. J., & McCarthy, G. (2003). Polysensory interactions along lateral temporal regions evoked by audiovisual speech. *Cerebral Cortex*, **13**, 1034-1043.

Yamamoto, H. W., Kawahara, M., & Tanaka, A. (2017). The developmental path of multisensory perception of emotion and phoneme in Japanese speakers. *Proceedings of the International Conference on Auditory-Visual Speech Processing 2017*, 105–108. https://doi.org/10.21437/AVSP.2017-20

Yamamoto, H. W., Kawahara, M., & Tanaka, A. (2019). The development of eye gaze patterns during audiovisual perception of affective and phonetic information.*Proceedings of the 15th International Conference on Auditory-Visual Speech Processing.* https://doi.org/10.21437/avsp.2019-6

Yamamoto, H. W., Kawahara, M., & Tanaka, A. (2020). Audiovisual emotion perception develops differently from audiovisual phoneme perception during childhood. *PLoS ONE*, **15**(6), e0234553

山内厚志・寺田和憲・伊藤昭 (2011). 動的な発色によるロボットの感情表出. ヒューマンインタフェース学会論文誌, **13**(1), 41–52.

Zieber, N., Kangas, A., Hock A., & Bhatt, R. S. (2014a). Infants' perception of emotion from body movements, *Child Development*, **85**(2), 675–684.

Zieber, N., Kangas, A., Hock A., & Bhatt, R. S. (2014b). The development of intermodal emotion perception from bodies and voices, *Journal of Experimental Child Psychology*, **126**, 68–79.

[第 6 章]

Driver, J. (1996). Enhancement of selective listening by illusory mislocation of speech sounds due to lip-reading. *Nature*, **381**, 66–68. https://doi.org/10.1038/381066a0

Hall, E. T. (1966). *The hidden dimension.* New York: Doubleday & Company

平石界 (2009). 笑顔とインフルエンザの微妙な関係 京都大学こころの未来研究センター「こころ学」, http://kokoro.kyoto-u.ac.jp/jp/kokorogaku/2009/05/post_10.html (2022 年 5 月 26 日)

Jack, R. E., Blais, C., Scheepers, C., Schyns, P., & Caldara, R. (2009). Cultural confusions show that facial expressions are not universal. *Current Biology*, **19**, 1543–1548. https://doi.org /10.1016/j.cub.2009.07.051

岸真由子 (2013). コミュニケーションにおける視覚情報の有用性. 東京女子大学現代教養学部人間科学科卒業論文 (未公刊)

Magee, M., Lewis, C., Noffs, G., Reece, H., Chan, J., Zaga, C. J., Paynter, C., Birchall, O., Rojas Azocar, S., Ediriweera, A., Kenyon, K., Caverlé, M. W., Schultz, B. G., & Vogel, A. P. (2020). Effects of face masks on acoustic analysis and speech perception: Implications for peri-pandemic protocols. *Journal of the Acoustical Society of America*, **148**(6), 3562. https://doi.org/10.1121/10.0002873

Mehrabian, A., & Wiener, M. (1967). Decoding of inconsistent communications. *Journal of Personality and Social Psychology*, **6**(1), 109-114.

Mehrabian, A., & Ferris, S. R. (1967). Inference of attitudes from nonverbal communication in two channels. *Journal of Consulting Psychology*, **31**(3), 248-252. https://doi.org/10.1037/h0024648

Reeves, B., & Voelker, D. (1993). *Effects of audio-video asynchrony on viewer's memory, evaluation of content and detection ability.* http://www.curtpalme.com/docs/EffectsOfAudioVideoAsynchrony.pdf

Stetson, C., Cui, X., Montague, P. R., & Eagleman, D. M. (2006). Motor-sensory recalibration leads to an illusory reversal of action and sensation. *Neuron*, **51**(5), 651-659. https://doi.org/10.1016/j.neuron.2006.08.006

Takano, Y., & Noda, A. (1993). A temporary decline of thinking ability during foreign language processing. *Journal of Cross-Cultural Psychology*, **24**, 445-462.

Tong, F., & Nakayama, K. (1999). Robust representation for faces: Evidence from visual search. *Journal of Experimental Psychology : Human Perception & Performance*, **25**, 1016-1035.

Yamamoto, H. W., Kawahara, M., Kret, M. E., & Tanaka, A. (2020). Cultural differences in emoticon perception: Japanese see the eyes and Dutch the mouth of emoticons. *Letters on Evolutionary Behavioral Science,* **11**(2), 40-45. https://doi.org/10.5178/lebs.2020.80

Yuki, M., Maddux, W. W., & Masuda, T. (2007). Are the windows to the soul the same in the East and West? Cultural differences in using the eyes and mouth as cues to recognize emotions in Japan and the United States. *Journal of Experimental Social Psychology*, **43**, 303-311.

[第 7 章]

Abboud, S., Hanassy, S., Levy-Tzedek, S., Maidenbaum, S., & Amedi, A. (2014). EyeMusic: Introducing a "visual" colorful experience for the blind using auditory sensory substitution. *Restorative Neurology and Neuroscience*, **32**(2), 247-257.

Amedi, A., Hofstetter, S., Maidenbaum, S., & Heimler, B. (2017). Task selectivity as a comprehensive principle for brain organization. *Trends in Cognitive Sciences*, **21**(5), 307-310. https://doi.org/10.1016/j.tics.2017.03.007

浅野倫子・横澤一彦 (2020). 共感覚 シリーズ統合的認知. 勁草書房.

Baddeley, A. (1986). *Working memory.* Clarendon Press/Oxford University Press.

Barsalou L. W. (2009). Simulation, situated conceptualization, and prediction. *Philosophical Transactions of the Royal Society of London. Series B, Biological Sciences*, **364**(1521), 1281-1289. https://doi.org/10.1098/rstb.2008.0319

Barsalou, L. W. (1999). Perceptual symbol systems. *Behavioral and Brain Sciences*, **22**, 577-609.

Berger, C. C., & Ehrsson, H. H. (2013). Mental imagery changes multisensory perception. *Current Biology*, **23**(14), 1367-1372. https://doi.org/10.1016/j.cub.2013.06.012

Chen, L. C., Sandmann, P., Thorne, J. D., Bleichner, M. G., & Debener, S. (2016). Cross-modal functional reorganization of visual and auditory cortex in adult cochlear implant users identified with fNIRS. *Neural Plasticity*, **2016**, 4382656. https://doi.org/10.1155/2016/4382656

Cohen, L. G., Celnik, P., Pascual-Leone, A., Corwell, B., Falz, L., Dambrosia, J., Honda, M., Sadato, N., Gerloff, C., Catalá, M. D., & Hallett, M. (1997). Functional relevance of cross-modal plasticity in blind humans. *Nature*, **389**(6647), 180-183. https://doi.org/10.1038/38278

Dohn, A., Garza-Villarreal, E. A., Chakravarty, M. M., Hansen, M., Lerch, J. P., & Vuust, P. (2015). Gray-and white-matter anatomy of absolute pitch possessors. *Cerebral Cortex* (New York, N.Y., 1991), **25**(5), 1379-1388. https://doi.org/10.1093/cercor/bht334

Ericsson, K. A., Krampe, R. T., & Tesch-Römer, C. (1993). The role of deliberate practice in the acquisition of expert performance. *Psychological Review*, **100**(3), 363-406. https://doi.org/10.1037/0033-295X.100.3.363

Gagnon, L., Kupers, R., & Ptito, M. (2015). Neural correlates of taste perception in congenital blindness. *Neuropsychologia*, **70**, 227-234. https://doi.org/10.1016/j.neuropsychologia.2015.02.027

Giraud, A. L., Price, C. J., Graham, J. M., Truy, E., & Frackowiak, R. S. (2001). Cross-modal plasticity underpins language recovery after cochlear implantation. *Neuron*, **30**(3), 657-663. https://doi.org/10.1016/s0896-6273(01)00318-x

針生悦子・趙麗華 (2007). 有声音と無声音を大小に対応づける感覚の起源──擬音語理解の日中比較. 心理学研究, **78**, 424-432.

加我君孝 (2015). Sensory deprivation としての聴覚障害─人工内耳からみた聴覚の可塑性─. 認知神経科学, **17**, 113-117.

窪薗晴夫 (2017). オノマトペの謎─ピカチュウからモフモフまで. 岩波書店.

Kupers, R., Beaulieu-Lefebvre, M., Schneider, F. C., Kassuba, T., Paulson,

O. B., Siebner, H. R., & Ptito, M. (2011). Neural correlates of olfactory processing in congenital blindness. *Neuropsychologia*, **49**(7), 2037-2044. https://doi.org/10.1016/j.neuropsychologia.2011.03.033

Lessard, N., Paré, M., Lepore, F., & Lassonde, M. (1998). Early-blind human subjects localize sound sources better than sighted subjects. *Nature*, **395**(6699), 278-280. https://doi.org/10.1038/26228

Macnamara, B. N., & Maitra, M. (2019). The role of deliberate practice in expert performance: revisiting Ericsson, Krampe & Tesch-Römer (1993). *Royal Society Open Science*, **6**(8), 190327. https://doi.org/10.1098/rsos.190327

Meijer, P. B. L. (1992). An experimental system for auditory image representations. *IEEE Transactions on Biomedical Engineering*, **39**(2), 112-121.

Merabet, L. B., & Pascual-Leone, A. (2010). Neural reorganization following sensory loss: the opportunity of change. *Nature Reviews Neuroscience*, **11**(1), 44-52. https://doi.org/10.1038/nrn2758

Merabet, L., Rizzo, J., Amedi, A., Somers, D., & Pascual-Leone, A. (2005). What blindness can tell us about seeing again: Merging neuroplasticity and neuroprostheses. *Nature Review Neuroscience*, **6**, 71-77.

Merabet, L. B., Swisher, J. D., McMains, S. A., Halko, M. A., Amedi, A., Pascual-Leone, A., & Somers, D. C. (2007). Combined activation and deactivation of visual cortex during tactile sensory processing. *Journal of Neurophysiology*, **97**(2), 1633-1641. https://doi.org/10.1152/jn.00806.2006

Nanay B. (2018). Multimodal mental imagery. *Cortex; a Journal Devoted to the Study of the Nervous System and Behavior*, **105**, 125-134. https://doi.org/10.1016/j.cortex.2017.07.006

Newport, E. L. (1990). Maturational constraints on language learning. *Cognitive Science*, **14**, 11-28. https://doi.org/10.1207/s15516709cog1401_2

Pascual-Leone, A., & Hamilton, R. (2001). The metamodal organization of the brain. *Progress in Brain Research*, **134**, 427-445. https://doi.org/10.1016/s0079-6123(01)34028-1

Sadato, N., Okada, T., Honda, M., & Yonekura, Y. (2002). Critical period for cross-modal plasticity in blind humans: a functional MRI study. *NeuroImage*, **16**(2), 389-400. https://doi.org/10.1006/nimg.2002.1111

Sadato, N., Pascual-Leone, A., Grafman, J., Deiber, M. P., Ibañez, V., & Hallett, M. (1998). Neural networks for Braille reading by the blind. *Brain: a Journal of Neurology*, **121** (Pt 7), 1213-1229. https://doi.org/10.1093/brain/121.7.1213

Sadato, N., Pascual-Leone, A., Grafman, J., Ibañez, V., Deiber, M. P., Dold, G., & Hallett, M. (1996). Activation of the primary visual cortex by Braille reading in blind subjects. *Nature*, **380**(6574), 526–528. https://doi.org/10.1038/380526a0

Sandmann, P., Dillier, N., Eichele, T., Meyer, M., Kegel, A., Pascual-Marqui, R. D., Marcar, V. L., Jäncke, L., & Debener, S. (2012). Visual activation of auditory cortex reflects maladaptive plasticity in cochlear implant users. *Brain: a Journal of Neurology*, **135**(Pt 2), 555–568. https://doi.org/10.1093/brain/awr329

de Saussure, F. (1916). Cours de linguistique générale. Publié par C. Bally et A. Séchehaye. Payot. (ド・ソシュール, F. 小林 英夫 (訳)(1972). 一般言語学講義 改版 岩波書店)

Schlaug, G., Jäncke, L., Huang, Y., & Steinmetz, H. (1995). In vivo evidence of structural brain asymmetry in musicians. *Science* (New York, N.Y.), **267**(5198), 699–701. https://doi.org/10.1126/science.7839149

Slimani, H., Ptito, M., & Kupers, R. (2015). Enhanced heat discrimination in congenital blindness. *Behavioural Brain Research*, **283**, 233–237. https://doi.org/10.1016/j.bbr.2015.01.037

Striem-Amit, E., Cohen, L., Dehaene, S., & Amedi, A. (2012). Reading with sounds: sensory substitution selectively activates the visual word form area in the blind. Neuron, **76**(3), 640–652. https://doi.org/10.1016/j.neuron.2012.08.026

Takagi, S., Hiramatsu, S., Tabei, K., & Tanaka, A. (2015). Multisensory perception of the six basic emotions is modulated by attentional instruction and unattended modality. *Frontiers in Integrative Neuroscience*, **9**(1). https://doi.org/10.3389/fnint.2015.00001

Ward, J., Huckstep, B., & Tsakanikos, E. (2006). Sound-colour synaesthesia: to what extent does it use cross-modal mechanisms common to us all? *Cortex; a Journal Devoted to the Study of the Nervous System and Behavior*, **42**(2), 264–280. https://doi.org/10.1016/s0010-9452(08)70352-6

あとがき

　私が認知心理学，認知科学にたどり着いた経緯を振り返ってみると，小学生のころの原体験にたどりつく。当時はファミコン（任天堂のファミリー・コンピューター）が大ブームで，クラスメイトのほとんどがファミコンを持っていた。しかし，（教育上の方針から）我が家にはファミコンがなかった。私がゲームをするためには，放課後に友人の家に入り浸るしかないように思えた。しかし，小学校5年生のある日，書店で偶然『マイコンBASIC』（電波新聞社）という雑誌を見かけた。そこには，プログラミング言語を用いて作成したゲームのソースコードが掲載されていた。パソコン（当時はまだマイコンという呼び方もされていた）さえあれば，自力でゲームを作れるということに気づいたのである。そこで何とか親を説得するために，パソコンがいかに勉強にも活用できるかをアピールした。その結果，無事に買ってもらうことができた。その日から私はゲーム作りに夢中になった（勉強には使った記憶がない）。簡単なパックマンやインベーダーゲームのようなプログラムが作れるようになると，そのうちコンピュータと会話できるようなプログラムも作るようになった。本当はそんなことをせずにもう少し人間と会話したほうがよかったといまでは思っているが，暗い少年だったのである。

　コンピュータと会話するとはいえ，もちろん当時のコンピュータやプログラミング言語（BASIC），そして小学生の能力の限界からすれば，ごくごく簡単なプログラムである。「こんにちは」と入力すれば，「こんにちは，元気？」と返してくれて，「元気だよ。君

は？」と入力すれば，「僕も元気」と返してくれる。その程度のものではあっても，当時の私がコンピュータに「知性」を感じ，将来は人工知能について学びたいと思うきっかけとしては十分であった。

　その後，高校ですっかり勉強をさぼった結果，理系学部に行ける可能性はなくなってしまった。ちょうどそんな折，書店でたまたま手に取った本に「人工知能研究を進めるためには人間の知性についてもっと研究する必要がある」という趣旨のことが書かれていた。そして，そうした研究は認知心理学という学問分野でなされていることがわかり，自然と進路が決まった。

　そして大学に入学して，卒業論文では言語の認知に関する実験研究に取り組んだ。その後もいろいろなきっかけがあったが（これ以上は長くなるので省略する），大人になってようやく，コミュニケーションでは言葉だけではなく言葉ではないものも大事であることに気づき，感情の知覚に関する研究に手を広げるようになった。また，言語の認知も文字と音声ではいろいろ違うし，感情の読み取りも顔の表情と声色ではいろいろ違うこと，そして人間はそれら複数の情報を別々ではなく同時に受け取っていることに関心を持ち，多感覚研究へとシフトした。さらに，海外（オランダ）に住んで研究していたころの経験から，コミュニケーションの文化差に関心が広がった。あらためて振り返ると，いろいろなきっかけがあって今の研究テーマにたどり着いたことに気づかされる。

　本書はスケジュール的にも内容的にも当初の予定どおりにはなかなか進まず，うまくまとめることができたか自信がないが，執筆を通して自分自身の頭の中を整理し，自分の問題意識を問い直すよい機会となった。結局，本書を執筆してあらためて実感したことは，人間とは多感覚的な存在で，それぞれの生きる環境，交流する相手に応じて，適応的にコミュニケーションしているという点に尽き

る。力不足で，本書に含めることができなかった問題がたくさんあるが，まだしばらく研究人生は続くので，引き続き取り組んでいきたい。

　本書を執筆する中では多くの方々のお世話になりました。鈴木宏昭先生には本書を執筆する機会を与えていただき，原稿にも貴重なコメントをいただきました。担当編集者の岡田浩之先生にも貴重なコメントをいただき，共立出版の河原優美さん，日比野元さんには常に行き届いたサポートをいただきました。研究室メンバーの大屋里佳さん，鍬真衣さん，そして飯塚くららさんには原稿を読んだり確認したりしていただき，有益なコメントをいただきました。第4章および第5章で紹介した内容の多くは，研究室メンバーや共同研究者との研究成果です。他にもすべての方の名前を挙げることはできませんが，これまでの所属先，共同研究者，学会仲間，学生，家族，友人など，さまざまな方々との出会いと交流，議論の場があったことで本書が完成しました。この場を借りて，皆様に感謝申し上げます。

田中章浩

索　引

著　者

田中章浩（たなか あきひろ）

2004 年　東京大学大学院人文社会系研究科博士課程修了

現　　在　東京女子大学現代教養学部 教授，博士（心理学）

専門分野　認知心理学

主要著書　『顔身体学ハンドブック』（共編著，東京大学出版会，2021 年）

　　　　　『音響サイエンスシリーズ 21　こどもの音声』（分担執筆，コロナ社，2019 年）

　　　　　『日常と非日常からみるこころと脳の科学』（分担執筆，コロナ社，2017 年）

越境する認知科学 9

顔を聞き、声を見る
—私たちの多感覚コミュニケーション

Hearing Faces, Seeing Voices:
Multisensory Communication
in the Lab and Our Daily Lives

2022 年 9 月 15 日　初版 1 刷発行

検印廃止

NDC 007.1, 141.51

ISBN 978-4-320-09469-7

著　者　田中章浩　© 2022

発行者　南條光章

発行所　**共立出版株式会社**
郵便番号　112-0006
東京都文京区小日向 4-6-19
電話　03-3947-2511 （代表）
振替口座　00110-2-57035
www.kyoritsu-pub.co.jp

印　刷　大日本法令印刷
製　本　ブロケード

一般社団法人
自然科学書協会
会員

Printed in Japan